金運だけを引き寄せる！

貧乏神のはらい方

貧乏神を追いはらい、
お金の神様に愛される
36のレッスン

碇のりこ

フォレスト出版

はじめに

本書を手に取っていただき、ありがとうございます。
この本を手に取られたということは、このような思いがあるのではないでしょうか。

「お金の流れが悪い」
「いつもお金がない」
「経済的な不安がある」

じつは、そのお気持ちはすごくわかります。
なぜなら、わたし自身も同じことを思っていたからです。それどころか、収入が完全にゼロになってしまったことがありました。そのとき思ったのは、

「これから大丈夫だろうか」

「このまま収入がなかったら、家賃も払えず、住む場所も食べる場所もなくなってしまう……」


ということ。わたしも、そんなどん底の時代がありました。

今、日本は長い不況が続いています。将来が不安で、仕事があっても、誰もが当たり前にお給料が上がっていく時代ではなくなっていますよね。

世の中、稼ぐ方法や貯金をする方法などたくさん情報はあります。でも、それで多くの人のお金が増えているでしょうか。生活の不安がなくなっているでしょうか。成功できているのでしょうか。

じっさい、そんなことはないですよね。

頭でたくさん考え、できる仕事をコツコツ重ねても、なかなかお金の流れはよくなりません。

なぜか？

それは、**お金の流れそのものが変わらないと、お金は増えない**からです。

たとえば、お金を持っている人、お金に困らない人を思い浮かべてください。

周りにいる人でも、成功している経営者でもかまいません。

豊かに成功している人は、コツコツ働いたから、支出を切り詰めてお金を貯めたから、経済的な自由を手に入れたのでしょうか？


そうではないですよね。


では何か。

それは**お金の流れを掴む上昇気流に乗った**のです。

昨日まで、わたしたちと同じような生活をしていた人が、ある日ちょっとしたきっかけから、別の次元に人生の流れが変わっていったのです。

本書は、**お金を貯める方法でも増やす方法でもなく、お金の流れをマイナスからプラスに一気に変えていくための方法**をご紹介していきます。

お金の流れを悪くする正体

そもそも、お金の流れが悪い状況のときに、頑張って働いても、うまくいきません。
お金の流れが悪い状態の人は「あるもの」に好かれています。
それが**「貧乏神」**です。
貧乏神は日本古来から伝わる考え方。日本人が昔から感づいている存在です。
「なぜかお金が入ってこない」「働いても働いてもお金がない」と思っているという
ことは、あなたの近くに貧乏神が来てしまっているということ。

あなたがそのような状況から抜け出したいのなら、稼ぐ方法や貯蓄を増やす方法を
学ぶのではなく、貧乏神を追い払うことが大事になります。
そして、**「福の神」と呼ばれる「お金の神様」を引き寄せることで、お金の流れ、
金運は一気に変わり始めます。**
お金の神様を引き寄せると、

「不思議と、お金がどんどん入ってくる」
「ビジネスチャンスや、いい仕事の話がやってくる」

「パートナーのビジネスがうまくいくようになる」
「お金だけでなく、人間関係もうまくいくようになる」
「人生でいいことばかりが起こる」

などのことが起こるようになります。

わたしの収入がゼロになったときも、ある意味、貧乏神がそばに来ていたのだと思います。そして、わたしがそれに気づき、お金の神様を引き寄せる方法を、試行錯誤しながら実践していった結果、ビジネスがうまくいくようになり、お金に不自由することがなくなっていったのです。

この本は、どんな仕事をしているか、どんなスキルや才能を持っているかは一切関係がありません。

貧乏神を追い払い、お金の神様を引き寄せる方法は、今日からすぐに実行できることばかり。わたしがある意味人体実験のようにしてわかったお金の神様を引き寄せる方法をわかりやすく書きました。

鍵となるのは「龍」の存在です。
本書でご紹介する、

「貧乏神のはらい方」
「金運を高める潜在意識の書き換え方」
「金運を司る『金運龍』を動かす習慣」

などを知り、実践すれば、お金の神様と龍に溺愛され、大きく人生は動いていきます。
本書があなたのお金の悩みを解決する一助となれば、著者としてこれほどうれしいことはありません。ぜひ楽しんで読み進めてくださいね。

碇のりこ

目次

◎はじめに 002

第1章 お金の神様に選ばれる人の秘密

◎貧乏神に好かれる人、お金の神様に好かれる人 018
お金の神様に愛される人は何が違うのか？ 018
◎貧乏神・お金の神様のカラクリって？ 021
神様と陰陽の法則 021
◎貧乏神のところへ連れていく役が「貧乏龍」 026
龍と次元上昇して、お金の神様に好かれる人になる 026
お金の神様に選ばれたいなら、金運龍に好かれよう 028
運気を動かすと、龍まで動く 030
行動しない祈りは、届かない 032

第2章 貧乏神・貧乏龍のはらい方

◎貧乏神・貧乏龍に好かれる人の特徴って？ 036

「お金がない＝貧乏神がついている」わけではない 038

◎貧乏龍は、言葉についてくる 040

ネガティブな口グセは、貧乏龍を呼び寄せるサイン 040

心が言葉を生み出し、言葉が心を強化する 042

心をポジティブにして、言葉もポジティブにする 043

「誰かのせい」が貧乏龍を引き寄せる 045

◎龍は心と波動に引き寄せられる 047

波動のカラクリ 047

◎貧乏神をはらうシンプルな方法 050

ネガティブをちょっとずつ減らしていく 050

ネガティブをはらうための「潜在意識との対話」 052

◎**頭で考えるのをやめて、心のときめきに従う** 055

貧乏神をはらう「ときめく力」の磨き方 055

小さな幸運を見つける習慣 059

◎**神様へのお願いをやめて、感謝を伝える** 061

クレクレ星人の人には、エネルギー循環が起こらない 061

感謝して、喜んで、受け取って 062

◎**波動が高まると、お金が集まる** 065

波動が高まるお金の巡らせ方 065

◎**神様は法則に従い、すべてを叶えてくれる** 069

神様のなすことに、いいも悪いもない 069

◎**お金のブロックを外す方法** 072

お金を受け取れない人は、お金のブロックを持っている 072

貧乏神をはらうボディワーク 076

第3章 お金の神様・金運龍に好かれる人になる方法

◎お金の神様を呼び込むシンプルな方法 080
「ネガティブ」を「ポジティブ」に変える 080

◎お金の神様・金運龍は、何に引き寄せられるのか？ 083
金運龍の大好物 083
金運をアップさせる3つのステージ 085

◎常日頃から波動を意識する 088
いい波動を選ぶ生活をしてみよう 088
波動を上げたいなら、パワースポットに行こう 090
時代の流れに乗る＝金運龍と次元上昇する 091

◎お金そのものを好きになる 093
お金を好きになるためのワーク 094
キラキラ輝くものを身に着けよう 097

◎お金のアンテナをはる方法 099
チャンスを呼び込む「意識のスイッチ」 099
◎「浄化」を習慣にしよう 103
塩は最強のスピリチュアルツール 103
海の力で浄化する 104
◎神様の得意分野を知って、力を借りる 106
神様からメッセージを受け取る方法 106
神様からのサイン 110
◎ネガティブを放置しない 112
ネガティブ波動は早めにどんどん打ち消そう 112

第4章 金運を高める潜在意識の書き換え方

◎もっともっと金運を上げるためには、どうしたらいい？ 116
金運の鍵を握っているのは、フォーカスと感謝 116

潜在意識を活用した金運を高める方法　118

◎**思い込みの力を使って、金運アップの潜在意識をつくる方法**　122

制限が外れれば、潜在意識は変わっていく　122

◎**お金を受け取れる人になる方法**　125

コンフォートゾーンの変化を見極めよう　125

◎**口グセを変える**　132

潜在意識に「ある」を書き込む　133

◎**瞑想をして潜在意識を書き換える**　136

チャクラ瞑想　137

◎**もっと深く自分の潜在意識と対話をする**　144

より深く自分と対話する方法　146

◎**天照大神の結界をはって金運アップさせる方法**　152

すごいエネルギーバリアのはり方　152

第5章 金運力を高める「金運龍」を動かす習慣

◎金運龍を動かす習慣 156
金運龍に動いてもらおう 156
金のシャワーを浴びる 156
◎開運日のエネルギーを使う 158
開運日を使いこなすと、金運はもっと上がる 158
◎お財布を月光浴する 162
お金がみるみる溢れ出す超浄化法 162
リッチな波動を選ぶ 163
自分のパワーグッズを見つけるワーク 164
◎家に金運龍を招く方法 167
喜びの波動が、金運龍を引き寄せる 167
家族を幸せにして、金運龍を呼ぶ方法 168

◎家の中に「龍脈」をつくる方法　171
家の中に「龍の通り道」をつくろう　171
◎金運アップの温泉に浸かる　175
硫黄が持っているすごいパワー　175
◎お風呂をパワースポットにしよう　177
香り×塩で浄化する　177
最強の日本酒風呂に入ろう　179
◎波動の高い種銭をつくる　181
お金が増える種銭のつくり方　183
◎金運アップにとても大事な三位一体「体・心・魂」　186
体・心・魂のすべてを健康にする　188

ブックデザイン：小口翔平＋岩永香穂（tobufune）
イラスト：熊野友紀子
編集協力：澤田美希
ＤＴＰ：野中賢（システムタンク）
プロデュース：鹿野哲平

第1章

お金の神様に選ばれる人の秘密

貧乏神に好かれる人、お金の神様に好かれる人

お金の神様に愛される人は何が違うのか？

本編に入る前に、まずは次の項目のうち、当てはまるものをチェックしてみましょう。

【お金の神様からの「愛され度」チェック】

- □「お金が大好き！」と、心から思うこと、または他人に言うことに抵抗がある
- □お金は出ていくことのほうが多い、またはお金のトラブルがよく起こる
- □トラブルが起こる原因のすべてが、自分の責任ではないと思う
- □（ご結婚されている）パートナーのお給料・収入額に不満がある

□自分でお財布を選ぶことができない
□なんとなく、やる気が起きない
□「お金がない」と、無意識に思って（言って）いることがある
□「お金がない」という話を、家族や友人などからいつも聞く
□まわりの友人や知り合いに会うといつも文句や悪口を言っている
□今まで見たことのない額の大金をいきなりもらえるとしたら、受け取るのにためらってしまうと思う
□神社に行くのは、神様にお願いをするため
□「わたしは、運がいい！」と、心の底から言うのが難しい
□「今、わたしは幸せ！　わたしを大切だと思う♡」と、心から言い切れない

＊

さて、あなたは何個当てはまりましたか？
ひとつでも当てはまるという方。残念ながら、「貧乏神」に好かれてしまっている

かもしれません。

貧乏神もわたしたち人間と同じように、好きな人の近くにいようとするため、貧乏神に好かれてしまうと、あなたのすぐ近くに寄ってきます。もっと愛されると、くっついてきます（笑）。

この「愛され度」チェックの項目が、なぜ貧乏神の好物なのか、本書をお読みになると理解していただけると思います。

貧乏神に取りつかれると、とにかくお金が出ていきます。それも、自分が心から喜ぶことや、好きなことに使うためのお金ではなく、予想外の出費だったり、トラブル解消のために〝払わなくてはいけない〟状況が起こったりするのです。

さらに、貧乏神がついている人と一緒にいるだけでも、貧乏神はあなたのことを「仲間かもしれない」と思って、いつでもお供できるように、そばで待機しているんですよ。

ですから、貧乏神に好かれる人の特徴を知って、自分がそうならないように、そして貧乏神に好かれている人がまわりにいたら、自分のすぐ近くにも貧乏神が待機していることを思い出してくださいね。

貧乏神・お金の神様のカラクリって？

神様と陰陽の法則

お金の願いを叶えてくれるのは、「貧乏神」と「お金の神様」です。実際、神様とはエネルギーなので、貧乏神というエネルギー体、お金の神様というエネルギー体が在《あ》ると思ってください。

この貧乏神とお金の神様は、兄弟または姉妹だという説もあります。

なぜそういえるのかというと、この世界はなんでも「陰陽の法則」で成り立っているからです。プラスとマイナスが、必ずある世界。つまり、表裏一体で成り立っています。

貧乏神とお金の神様も、まさに表裏一体。
たとえ話で説明しますね。

あなたが、10万円の入ったお財布をどこかに落としてしまったとします。小さめのバッグだったのでしっかり収まらず、落ちてしまったのかもしれません。
「今日はそのバッグがいいと思うけど?」と言ったのは、彼または旦那さんでした。
さて、この場合、あなたはどう思いますか。次のAとBの回答を見てください。

A「今朝、彼が〝このバッグがいい〟と言ったせいだ。だからわたしはお財布を落としてしまったんだ」

B「わたしがお財布をバッグの奥までしまっていなかったんだな。次からは、このバッグにぴったり収まるお財布を合わせるようにしよう。お気に入りの新しいお財布を探してみようかな」

Aを選んだあなたには、もれなく貧乏神がついてきます。

なぜなら、ある出来事が起きたとき、「自分がそうしたから」ではなく、「誰かのせいでこうなった」にする人のことが、貧乏神は大好きだからです。

すぐに「誰かのせいで悪いことが起こった」と考えてしまう人は、その考えが習慣になっています。つまり、いつも自分ではない「誰かのせい」にしてしまっている可能性があるということ。

「誰かのせい」にしているときは、自分の人生を誰かにゆだねているため、心から幸せを感じられず、運気が停滞していきます。

それが積み重なると、スパイラルとなり、さらに金運が下がるなど、人生がうまくいかない状況になってしまう可能性が高いのです。

反対に、Bを選んだあなたは、金運を司るお金の神様に好かれやすく、状況がプラスになっていきやすい人です。もしかしたら、心からときめくような新しいお財布に出合うチャンスも巡ってくるかもしれませんね。

この例では、お財布を落とした時点では、プラスでもマイナスでもない、ゼロの状態。ただ、トラブルが起きたときに、どう考えて、どう行動するかで、その出来事をプラスにもマイナスにもすることができるのです。

そのときの考え方によっては、貧乏神に引っ張られ、別の考え方であればお金の神様に引っ張られます。そのとき、どちらの神様に選ばれるかだけ。そういう意味で、貧乏神とお金の神様は、表裏一体といえますよね。

ある意味、貧乏神もお金の神様も、

「さぁ、どっちがあの人につく？　あの人はどっちのタイプ？」

と、わたしたちの近くで待機しているんです。

そして、今、貧乏神がついている人でも、一気にお金の神様に好かれて金運がアップすることも可能ですし、その逆もまたしかり。お金持ちだったとしても、一瞬で貧乏神に取りつかれてしまうこともあるのです。

これも、陰陽の法則です。

陰陽の法則には、わたしたちの「心の持ち方」が大きく関わっています。

つまり、わたしたちがどんな心の状態でいるかによって、どっちの神様に好かれるかが決まるのです。

貧乏神のところへ連れていく役が「貧乏龍」

龍と次元上昇して、お金の神様に好かれる人になる

神様の世界には、もうひとつカラクリがあります。
それは、

神様の遣《つか》いが「龍」

だということです。
龍は、わたしたちの近くにつねにいる存在（エネルギー）です。
そんな龍は、自然界を大きなエネルギーで司る「龍神」に憧れています。なぜなら、

龍神は、神様に一番近い「遣い」だからです（神様にもっとも近いお仕事をしているといえますね）。

神様の遣いですから、貧乏神に仕える龍神もいます。

龍はわたしたち人間に一番近い存在。そして、龍神になるための修行をして、わたしたちを神様につなげるお手伝いをしています。

そして、わたしたちを貧乏神につなげてくれるその龍を、「貧乏龍」といいます。

貧乏龍は、わたしたちの「言葉」によって反応します。言葉については、第2章でお話ししていきますが、人間が発する言葉の波動を頼りに、誰についていくかを決めています。

「君は、そういうのが好きなんだね！　僕と同じだね！」

と貧乏龍は反応して、ご丁寧に（笑）、親分である貧乏神のところまで連れていってくれるのです。

わかりやすい例だと、貧乏龍は、

「お金がない」

という言葉が大好きなので、その言葉を発している人間を発見すると、

「わかった！　それがお望みなんだね。その言葉のとおりにしてあげるよ。貧乏神様につなげてあげるからね！」

と言って、張り切って貧乏神とつなげてくれます。

これが、貧乏龍のお仕事なのです。

お金の神様に選ばれたいなら、金運龍に好かれよう

神様の世界に、貧乏神とお金の神様がいるように、貧乏龍と対になる「金運龍」もいます。

金運龍は、お金の神様の遣いですから、金運龍が「この人間、大好き！」と思ったら、お金の神様に紹介してくれるのです。

「お金の神様、あなた好みの人間を発見しました〜！
この人間の望みをどうぞ叶えてあげてくださいませ」

という具合です。

お金の神様までつながったら、金運はグングンと上がります。

ですから、金運を上げたい、豊かさを手にしたいと

願うのであれば、まずはお金の神様の遣いである「金運龍」に好かれることが大切なのです。

運気を動かすと、龍まで動く

では、どうしたら、金運龍を引き寄せ、お金の神様にまでつなげてもらうことができるのでしょう。

そのシンプルな答えは、「運を動かす」ことです。


運って動かせるものなの？

と思われたかもしれません。そうです、運は動かすことができるのです。

運は「運ぶ」と同じ言葉であるように、運び、運ばれてくるものだといえます。

運を動かすとは、龍を呼び込むことであり、龍と次元上昇することでもあります。

運を動かすキーワードは、「行動」すること。それにより、運を〝運ぶ〟ことになるので、神様に頼らなくても自ら運気を上げることができます。

それは同時に、エネルギー、つまり波動の流れをよくすることになり、じつはエネルギーであるお金の巡り・循環も自動的によくなります。

運が動くと、その波動の流れに同調して、龍が引き寄せられます。

当然、同じ波動を放つ人間のことが、龍は大好きですから、

「君とは波長が合うね～！」

といって、ついてくるのです。

そして、その人の動きが大きいほど、龍は「この人の望みを叶えてあげたい！　自分が遣える神様のところにまで連れていきたい！」と願うようになり、動いてくれるというわけです。

行動しない祈りは、届かない

最近の傾向として、行動しないでただ祈る、ただ待っている、という人が増えているように思います。プロセスを省こう、または、ラクしていかに金運を上げるかを考えている人も多いですね。

でも、本当に金運を引き寄せて、運気を上げていきたいのなら、自分から「動く」作業が必要なのです。

なぜなら、わたしたちが動くことで、龍も動いてくれるからです。

具体的な金運龍の動かし方は、第3章と第5章でたくさんご紹介しますね。

この世界は、動かないと気が滞《とどこお》ってしまい、運が運ばれない仕組みになっています。

そして、何ごとも行動することで、金運の土台をつくることができます。

なので、まずは、やってみる。動いてみる。

もし行動してみて反省点があったとしても、一見失敗に思えたとしても、それは経験になりますよね。

その経験こそが、ネタになって、結果的にお金につながるかもしれません。

先ほど例で挙げた、お財布を落としたという話。

じつはわたしも経験しています(笑)。

そんなトラブルのような経験ですら、わたしの場合は本書の執筆だけでなく、講座やセミナーでお話しするネタのひとつになっています。

それは、わたしだけでなくて、みなさん同じだと思うんです。

今までの経験すべてが、運を動かして上げていくための土台となりますから、怖がらず、面倒がらず、気を動かし、龍に動いてもらいましょうね。

第2章

貧乏神・貧乏龍のはらい方

貧乏神・貧乏龍に好かれる人の特徴って？

第1章のはじめに、お金の神様からの「愛され度」チェックをしていただきましたが、あの項目はすべて、貧乏神と貧乏龍に好かれてしまう人の特徴です。かみ砕いて説明していきますね。


貧乏神と貧乏龍の好物は、わたしたちの心の中に隠れています。

そのキーワードは「**ネガティブ**」です。

たとえば、あなたがもし今、貧乏だったとしても、心の中で、

「よし！　わたしは『お金の神様』と『金運龍』に愛される人になるんだ！」

と決めたなら、貧乏神と貧乏龍に好かれていた人も、金運龍に好かれるようになります。

心を決めると、言葉の使い方や考え方が変わるからです。そうすれば、貧乏神と貧乏龍はあなたのそばにいることが心地悪くなり、貧乏龍が離れていったあと、金運龍が近づいてくるのです。

でも、

「ウチは貧乏な家庭で育ったし、貧乏なのがわたしらしいんだ」
「本当にわたしは、いつもお金がないんだ」

と思っていると、貧乏神と貧乏龍は喜んで、あなたに一生ついていくでしょう。

そう、すべては「心の中」にあるのです。

「お金がない＝貧乏神がついている」わけではない

つまり、「お金がないことそのもの」で貧乏神がつくわけではないのです。お金がないことによって、ネガティブな心が生まれ、お金がないことによる拗《す》ねが、貧乏龍を引き寄せ、貧乏神を連れてくるのですね。

お金がなくても、お金の神様に好かれて成功する人もたくさんいます。

実際、世の中の成功者を見てみると、生まれも育ちも大金持ちという方は少ないように思います。それどころか幼少期貧乏だった人もたくさんいらっしゃいます。

「貧乏だからこそ、これからよくなるんだ！　成功するんだ！」

と決めて、ビジネスを興したという方の話を、わたし自身よく耳にしました。

つまり、心は拗ねておらず、逆境をむしろプラスのエネルギーに変えていたから、お金の神様に魅入られたのです。

ビジネスは、お金を稼がなければ成り立ちませんよね。お金を稼ぐためには、ネガティブのままではうまくいきません。心が元気であることが絶対的に必要です。表面的な明るさではなく、心の奥から元気でないといけません。

心の底から元気でなければ、やる気が起きず、行動もできなくなります。結果として運も運ばれず、ビジネスチャンスはもちろん、稼いだり、お金が入ったりしてくる「流れ」はやってこないのです。

この「やる気が起きない」「心の元気がない」ときは、貧乏龍があなたの肩にちょこんと乗っていると思ってください。

貧乏神も、すぐ近くで待機している状態。貧乏神も貧乏龍も、人間のやる気を吸収して英気を養っているため、貧乏神と貧乏龍に好かれたら、どんどんやる気が奪われてしまうのです。

貧乏龍は、言葉についてくる

ネガティブな口グセは、貧乏龍を呼び寄せるサイン

心のネガティブをはらうだけでなく、言葉にも注意をしましょう。

なぜなら、どれだけ心をポジティブにしようと思っても、ネガティブな言葉がある限り、貧乏龍を引き寄せてしまうからです。

「口寄せ」という古来から動物や霊的なエネルギーを呼び寄せる手法がありますが、それと同じように言葉で龍は引き寄せられます。

言葉は物理的なものでありながら、エネルギーそのもの。だから波動そのものだといえます。そして、その言葉次第で、どちらの龍に好かれるかが大きく左右されてしまうんですね。

あなたの口グセは、なんでしょうか。こんな口グセ、ありませんか?


「お金がない」

「わたしにはムリ」

「わたし、信じない」

「わたしってダメだな」

「どうせわたしなんて」

「できない」

「でも……」

「だって……」


このような言葉にも、貧乏龍は惹きつけられます。

「いつも『お金がない』『わたしってダメだ』って言っているじゃん? だから、君はそれを望んでるんだよね!」

そう思って、貧乏龍は貧乏神のところへその人を連れていくのです。

心が言葉を生み出し、言葉が心を強化する

わたしたちの最初のアクション、それは「言葉」を放つことです。言葉を放つことは、人に伝えているものであっても、それは自分に言い聞かせているのと同じ。つまり、ネガティブな言葉を発すると、それを聞いた自分の意識に言葉が入り込みます。

日常的にネガティブな言葉を使い続けていると、自然と心もネガティブになり、結果的に波動もネガティブになってしまうのです。

人の悪口も同じ。誰かのことを言っているつもりでも、自分のことを悪く言っていることになってしまうんですね。

逆に、ポジティブで元気な言葉を放っていると、心と波動もポジティブで元気になります。この原理からすると、願いを言葉にすることで、先取りして実現させることだって可能なのです。

心をポジティブにして、言葉もポジティブにする

ポジティブな言葉の波動は高くて、ネガティブな言葉の波動は低いのですが、その波動に見合ったものを、わたしたちは引き寄せます。

当然、神様も龍もそう。低い波動には、低い波動が大好きな貧乏神と貧乏龍が同調してやって来るのです。

放つ言葉を変えることで、心も波動も変えることができます。

「言霊《ことだま》」という言葉もあるように、言葉自体が波動です。

神様も龍も、波動に敏感なエネルギー体ですから、わたしたちの言葉の波動に反応するというのは理解できますよね。

わたし自身、言葉はすごく大切だなと思って、日々過ごしています。言葉を先に放つことで、それが叶えられると信じるようになったのは、子どもの頃でした。

学校を休んで遊びに行きたかったとき、仮病を使って、

「おなかが痛いから休む」

と言っていたら、本当におなかが痛くなってしまい、結局遊べなかったことがあったのです。

大人になり、潜在意識について勉強してから、放った言葉が潜在意識に入って、現実を創り出すことを知りましたが、子ども心にも
「言ったことが本当になる」
と理解していたので、親やおばあちゃんのせいにして学校を休むことはしませんでした（笑）。

だって、言ったらそのとおりになってしまう気がしていたからです。間違っても、「身内が病気になった」「亡くなった」なんてウソは言えませんでした。そう、言ったことが本当の現実になるくらい、言葉には威力があるのです。みなさんもどこかできっと、言葉の威力を知っているのではないでしょうか？

「誰かのせい」が貧乏龍を引き寄せる

トラブルが起きたのを人や何かのせいにすると、貧乏神と貧乏龍に好かれるとお伝えしましたが、貧乏神と貧乏龍の大好物が、まさに「人のせいにする心」なのです。人生では、さまざまなトラブルが起きますよね。そのときのとらえ方次第で、貧乏龍に好かれるか、金運龍に好かれるかが分かれます。

または、ご結婚されている女性の場合、旦那さんのお給料や稼ぎが悪いから、いい暮らしができない、と不満を漏らすことも、じつは同じ。旦那さんのせいにしていることになります。

何かのせいにする、またはトラブルをズルズル引きずってずっと自分を責めている。

このような、「あの人のせい」「わたしってかわいそう」、もしくは「どうせわたしがいけないいんだ」という思考は、貧乏龍のアンテナに引っかかって、呼び寄せてしまうものなのです。

龍は心と波動に引き寄せられる

波動のカラクリ

貧乏龍は、言葉という波動に同調してついてくるとお伝えしましたが、言葉を発していなくても、心の状態はそのままわたしたちの波動となっています。そして、その波動に、龍は引き寄せられてくるのです。

人間同士も、波動で引き寄せ合います。わかりやすいのが、夫婦。同じ波動だから、同調して、結婚という制度をとって一緒にいるのです。もし奥さんに貧乏龍と貧乏神がついていたら、通常は旦那さんにもついています。仲良くみんなで食卓を囲んでいるんですよ（笑）。

でも、もし奥さんがネガティブから脱出し、波動が高くなっていくと、旦那さんも変わっていきます。特に旦那さんは奥さんのエネルギーに影響されやすいから。そして、夫婦についていた貧乏龍と貧乏神は波長が合わなくなって居心地が悪くなり、その家庭から去っていくのです。

奥さんが金運龍に好かれるようになると、旦那さんも同じ波動になって、どんどん金運は上がっていきます。

このように、龍は波動に引き寄せられて動きます。

貧乏龍をはらいたいのなら、貧乏龍が嫌いな波動を放ちましょう。

たとえば、部屋を掃除して清い空間にする、いい人とのご縁をつくる、そのために自ら動いて、気を流していくことが大切。

なぜなら、気をどんどん流して、波動を上げていく人の近くに、貧乏龍は近寄れないからです。いい気や高い波動が、貧乏龍は大の苦手。

気を動かしている人は、その分だけチャンスに乗って、運を掴むことができます。
そんな人の波動には、金運龍が喜んでついてきますから、金運が上がっていくのですね。

実際、波動によって引き寄せは起こりますし、龍だけでなく同調した神様も集まります。

でも、パワースポットへ行って、一瞬、波動が高まったからといって、すぐに自分のネガティブ思考の心のクセや口グセに戻ってしまうようだと、すぐに貧乏龍が舞い戻ってきてしまうんですよ。

ですから、すぐにネガティブグセに戻らないよう、思考やマインドを変えて、いい気を浴び、自ら気を流し、波動を高めていくことが大切なのです。

貧乏神をはらうシンプルな方法

ネガティブをちょっとずつ減らしていく

貧乏神をはらうためには、どうすればいいのでしょうか。
難しく感じた方もいるかもしれませんが、やるべきことはシンプルです。

貧乏神をはらう方法は、「ネガティブをはらう」ことです。

ここ最近、心から元気ではなく、表面的、または頭で元気な人が増えているなと感じることがあります。

そのような人は、「心がネガティブなまま」という傾向が見られます。
人間は、ネガティブでもポジティブでもない、純粋でフラットに近い状態で生まれます。成長するにつれ、人はネガティブに偏っていきます。

これは人が生き残るために、ＤＮＡに刻み込んだ習性なのです。

なぜなら、ポジティブなままだと、「赤信号でも渡っちゃおう！」という見方になってしまい、危険から自分や家族を守ることができないからです。

もちろん、環境や性質・性格もネガティブの要因になりますが、ネガティブ寄りであることは、わたしたちが生きるための「本能」なのです。

大人になり、わたしたちは意識して少しだけポジティブに向かうようになるのですが、自分の中にあるネガティブな部分と「向き合おう」とせず、やみくもにポジティブを意識しても、それはネガティブを隠しているだけです。

そうしてネガティブを見ずに、元気に振る舞ったとしても、放っている波動はネガティブのまま。

もともとエネルギー体である貧乏龍は、波動に同調することが得意分野ですから、ネガティブの波動を発していたら簡単に見つかってしまうのは、想像できますよね。

ネガティブをはらうための「潜在意識との対話」

もし心から貧乏神と貧乏龍をはらいたい、金運を上げたいと思うなら、自分の中にあるネガティブと「向き合う」ことが大切です。
これをわたしは潜在意識との対話と言っています。

自分の中で、何かが引っかかっているな。なんだか、心の底から元気になれないな。
なんでネガティブになっているんだろう？
↓
友達に言われた「あの一言」かもしれない。
↓
でもなんでわたしは、たった一言で傷ついたんだろう？
↓
そうか、それは……

このように自分の潜在意識と対話していくと、しっかり向き合うことができます。これは**ある意味「神様との対話」**でもあります。

ときには、この向き合う作業をすっ飛ばしてしまいたくなるかもしれませんね(笑)。第1章のはじめに挙げた、チェック項目のようなワークを飛ばしてしまうのも、じつは向き合えていない証拠なんですね。

逃げたくなる気持ちはわかりますが、向き合わずに、いつまでも逃げている人のことを、貧乏神と貧乏龍は大好きなのです。

なので、心がネガティブになっていないか、つねにチェックして、貧乏神と貧乏龍を寄せつけないようにしていきましょう。

とはいえ、ネガティブをゼロにすることはできないでしょう。もちろん、それでOKです。ポジティブ100%、ネガティブ0%の人間なんて世の中にはいませんよね。

ゼロにならなくても、少しくらいネガティブになってしまったって大丈夫。

ネガティブよりもポジティブな言葉や思考を増やしていくように、意識していくだけで大きく変わりますから、安心してくださいね。

なんで?
だって
つまり?
それは
潜在意識
えーと……
自分の潜在意識と
対話のキャッチボールを
しよう

頭で考えるのをやめて、心のときめきに従う

貧乏神をはらう「ときめく力」の磨き方

ほかにも貧乏神・貧乏龍をはらう方法があります。

それが、「**ときめきに素直に従う**」というものです。

わたしが開催するセミナーや、ブログのコメントで、

「どのお財布を使うとよいですか？」

という質問を多く受けます。

このとき、わたしは必ず、

「自分がときめいたお財布を選んでくださいね」

とお答えするのですが、なかなか自分では決められないという方もいらっしゃいます。その心からは、

「金運が上がらないことを自分の責任にしたくない」
「損したくないし、間違えたくない」

という声が聞こえます。

不安な心や損をしたくない、自分で決めて失敗の責任を負いたくない、すぐに正解を知りたい、という思いからそうなってしまうのでしょう。

そういった心理に陥る気持ちはわからないではないのですが、そういう心の持ち方は、残念ながら貧乏神と貧乏龍を引き寄せてしまいます。

大事なのは、「自分の心のときめきに従う」こと。

多くの人は、自分の心よりも頭を使って得か損かで物事を決めたり、選んだりしてしまいます。


「お金が好きなんていうと、まわりからどう思われるかな」

「自分が好きなものより、まわりの人にすごいと思われるものを買ってしまう」

「すごい人がいいと言っていたから、同じものにした」


など。


このように頭で考えたものは、自分の心で選んだものではなくなってしまいます。

頭ではなく、**自分の心の感覚に素直になることで、自然と金運龍を引き寄せられます。**

なぜなら、人の心は自分の好きなもの、キレイなものにときめくようになっており、自分の心がときめいたものを選んでいると、波動が変わり、金運龍が寄ってくるからです。

にもかかわらず、自分のときめきを信じられない人、感じられない人がたくさんいます。自分の好きなものがわからない、ときめくものがわからない、というわけです。

でも、もともと人はキレイなものが大好きなのです。心の底から「汚いものが好き」という人はまずいません。美しい海、壮大な山々を見れば、みな心はときめくものであり、ときめく心は誰もが持っているのです。

ときめく感覚がわからない、自分の好きがわからないという人は、自分の心が感じられなくなっているだけ。たくさんの情報や、「こんなものを好きと言ったらセンスがないと思われるかな」というように人の目を気にしすぎているのかもしれません。

自分の心が感じる喜びに従えば、自然といい波動となり、それが金運龍を引き寄せるのです。

小さな幸運を見つける習慣

貧乏龍や貧乏神をはらう「ときめく力の磨き方」はまだあります。

それが**「小さな幸せを見つける」**ことです。

日常で小さな幸せを見つけることができる人には、大きな幸せがやって来ます。

今日から、すぐにできる小さな幸運を見つける練習をご紹介します。

朝、目が覚めたとき、メイクをするとき、顔を洗うときなどに、

「今日はどんな嬉しいことがあるか数えてみよう」

と言葉にします。

こうして一日を始めることで、日常に溢れている小さな幸せを見つけることができます。ほんの小さなことや、出来事でも、見つけたら、喜び感謝してみましょう。

人に何かしてもらったら、「当然」「そりゃそうだよね」なんて思わずに、ちゃんと感謝して、ありがとうと伝える。それをくり返しているだけで、金運龍を引き寄せ、ひいてはお金の神様に好かれるようになります。

じつは、これ、金運も同じなんです。

小さな金運を自ら見つけるようにすると、どんどん金運はアップしていきます。

小さな運を見つけるには、イマジネーションを膨らませるとできるようになるのですが、「そんなの難しいし、正解がわからないから〝これが小さな幸せ、これが小さな金運〟と教えてほしい」と思うようであれば、貧乏龍に好かれてしまっているのかもしれません。

神様へのお願いをやめて、感謝を伝える

クレクレ星人の人には、エネルギー循環が起こらない

貧乏神と貧乏龍は、基本的に、汚い・暗い・悪口ばかり聞こえるような場所が大好き。逆をいえば、幸せで、清く、美しい場所が嫌いです。

本来は、神社のようなパワースポットは嫌いなので、貧乏神も貧乏龍も近寄らないのですが、たまに人について神社へのお参りに一緒に行って、その人にピタッとはりついたまま帰ってくるケースもあります。

たとえば、神社へ行っても、神様に感謝を伝えず、

「うまくいきますように」

「お金がたくさん入りますように」

などと、お願いだけをする。これをわたしは〝クレクレ星人〟と言っています。受け取るだけ、誰かから何かをもらおうとするだけの人が、貧乏神も貧乏龍も大好きです。

「もらおう」「自分だけ得しよう」ばかりの人は、エネルギーの循環が起こらないため、金運が巡ってくることも、幸運が運ばれてくることもありません。

そのときに何かを受け取ったとしても、そのあとはいい波動が運ばれてこなくなるのです。

感謝して、喜んで、受け取って

もし「感謝ができないな」と思うときは、何かのせい、または誰かのせいにしているからかもしれません。

たとえば、

「旦那のお給料が悪いから、旅行にも行けずにこういう暮らしをしているんだわ」

などとすべてを旦那さんのせいにしてしまうと、家族に対しても感謝の気持ちが湧きませんん。そのような心では、貧乏神に好かれてしまいますよね。

また、人が喜ぶことや人が求めていることをすると、感謝につながりますから、人の役に立つことにお金を使うと、貧乏神と貧乏龍はさっさと離れていきます。

お互いが求めている、または喜ぶことにお金を使うことで、経済は豊かに回りますよね。

このとき重要なのが、「お金を喜んで受け取る」こと。

日本人は、遠慮することが美徳とされる文化がありますから、この「受け取る」のが苦手な傾向が強いですよね。

感謝がつなぐお金の循環を止めることは、エネルギーの滞りを生み出します。エネルギーはつねに流れている状態がいい状態です。ですから、自然と貧乏龍が近づいてくるようになります。

お金を受け取れない、受け取るのが怖いと思っている人は、エネルギーの循環を止めているのと同じ。

お金をいただくとき、何かプレゼントを渡されたときは、感謝して喜んで受け取ってくださいね。

その喜びを別のところに還元する気持ちでお金を気持ちよく使うことも、貧乏龍・貧乏神をはらうことにつながりますよ。

波動が高まると、お金が集まる

波動が高まるお金の巡らせ方

基本的にお金は、波動が高いものに集まってきます。

とはいえ、人を騙してお金儲けをたくさんしているような悪い人たちの波動が高いかというと、高くはありませんよね。悪いことをしているわけですから。

これは、一瞬だけでも、人々が喜ぶような、騙されてしまうような言葉を巧みに使って騙しているので、その瞬間は表面的にだけ人々に喜びを与えていることになる。だから、お金儲けができるのかもしれません。

でも、そういう波動で儲けても長くは続きませんし、騙す人も本当は幸せじゃないはずです。

第1章で述べた「陰陽の法則」を当てはめると、騙して儲けた分、それなりに「陰」が強くなって、そのマイナスのエネルギーは必ずどこかで還ってきます。

ただし、お金自体のエネルギーに、高い・低いはありません。

お金の巡り方で、波動は変わっていきます。

お金は回して巡らせていくことで、入ってきます。

でも、たくさん買い物をして罪悪感を覚えたり、やみくもにお金を使ったりするのは、貧乏神が大好きなことです。

自分の不満やストレスを埋めるために買い物をするような、穴埋めの使い方では、お金は循環しません。それこそ、「死に金」を生んでしまうのです。死に金なんて、いかにも貧乏神が大好きそうですよね（笑）。

そう、ただお金を使えばいいのではないのです。

波動が高まるお金の巡り方とは、自分が高い波動を出せることにお金を使うこと。

心が豊かになって、あなたの魂が喜ぶようなものに、お金を使うのです。魂からというのは、

「嬉しいなぁ」

「これが毎日あったら幸せ」

「かわいくて大好き♡」


と、魂から喜べること。

そういう自分だけの「パワーグッズ」などにお金を使うと、自分の波動が高まります。

また、人が喜んでくれるもの・ことにお金を使っても、波動は上がります。

さらには、自分が高められる、または学べるものに投資をする。ただ、自分が満たされていないから、それを埋めるためにセミナーなどへ通うのは、自分の満たされていないネガティブを埋めるためにお金を使っていることなので、巡りが滞ってしまいます。

でも、学んだことを人に提供したり、アウトプットできたりすると、還元になりますよね。それは、喜びの循環を生みますから、波動が高まるのです。

そのようにお金を巡らせると、自分の波動が高まり、同じような高い波動を引き寄せます。

結果、お金もどんどん引き寄せられ、金運は上がっていくのです。

もちろん、**高い波動の循環のサイクルには、貧乏神も貧乏龍も近寄ることができません**。逆に、あなたから逃げていきますよ！

神様は法則に従い、すべてを叶えてくれる

神様のなすことに、いいも悪いもない

わたしたち人間はどうしても、

- **波動が高い＝いいこと**
- **波動が低い＝悪いこと**
- **豊か＝いいこと**
- **貧乏＝悪いこと**

と、思ってしまいがちですね。

それは人間界の次元が、陰陽の法則（二元性）で成り立っているからかもしれません。

一方の神様の世界には、ジャッジがありません。

神様は、想像を超えるほどの絶対的な「愛」で生きています。その世界では、いいも悪いもないのです。

ですから、わたしたちがつい思ってしまう、

貧乏神が悪い神様・貧乏龍が悪い龍
お金の神様がよい神様・金運龍がよい龍

というジャッジは、人間界だけのもの。

晴れているから天気がいい、雨だから天気が悪いというのは人間界のジャッジなだけであって、宇宙にとっては雨でも晴れでもただの天気なのと同じことです。

ただ、ネガティブな波動には、貧乏神と貧乏龍が同調してついてくる、というだけ。

それが悪いことではないのです。

神様も龍も、じつは、「人間の望みはなんでも叶えてあげたい！」と思っています。

その絶対的な愛の力で、人間みんなを幸せにすることが、神様と龍のお役目。

ですから、「わたしたちの心が何を望んでいるのか」によって、叶う現実が大きく変わるということです。


心の中で、「どうしてわたしばかり、不幸になるの!?」と思っていたら、同じ波動の貧乏龍と貧乏神がひょいとすぐにやって来て、「そうかそうか、それがお望みなんだね！」と、神様は「不幸」という願いを叶えてくれるのです。


神様からしたら、そこに、いいも悪いもありません。ただ、わたしたちの今の願いを叶えているだけなのですから。

神様はすでに、わたしたちの現状の願いを叶えてくれているんだと知ると、自分の「心」が大切だと、改めて気づくことができますよね。

お金のブロックを外す方法

お金を受け取れない人は、お金のブロックを持っている

人が喜ぶことをしてお金を循環させると、波動が上がり、貧乏神・貧乏龍が離れていくとお伝えしました。

でもこのとき、人が喜ぶことだけをしていて、お金が入ってこない状態の場合、近くに貧乏神もいなければ、お金の神様もいません。

ここで、お金を「受け取る」覚悟ができたら、貧乏神は逃げていき、お金の神様がやってきます。

多くの人は、お金、特に大金を受け取るとき、罪悪感が湧いてくるものです。

「こんなわたしがもらっていいのかな」
「これ以上のことをしないといけないのかな」
「彼より稼いだら愛されなくなるかも」

そう思って、お金を受け取れないうえに、人に与え続けている人には、貧乏神がついてきます。我慢して、自己犠牲の精神で与え続けている正体は、じつは貧乏神なのです。

では、なぜ受け取れないのでしょうか。
それは、「お金のブロック」があるからです。

お金のブロックが働いていると、貧乏神は吸い寄せられるように、近づいてきます。
このブロックを外す方法は、シンプル。
「受け取る覚悟」をすることです。

そして、**わたしは受け取っていいんだと、「許可」すること。**

あなたが受け取ることで、相手は喜びます。そしてそこには、喜びのお金の循環が生まれる。

これこそ、貧乏神をはらう強力な方法のひとつなのです。

お金のブロックの外し方で注意したいのが、お金だけを見るようになってしまうことです。

わたしも営業の仕事をしていたので、よくわかるのですが、大きなお金を動かそう、たくさん売って売り上げをもっと上げようとして、お金ばかり追い求めてしまうと、「執着」になってしまいます。

そうなると、苦しくなっていきます。

お金のことを毎日考えていて、苦しいなと思ったら、それは執着になっている証拠。そんなときは、楽しいほうに目を向けましょうね。

たとえば、こんなふうに。

「自分は何をしたら楽しいかな？」
「夢中になれることは何かな？」
「面白いことは何かな？」
「ワクワクすることって？」

わたしも営業職時代は、自分がいかに楽しめるかを考えて仕事をしていました。

「売る」という感覚ではなくて、

「この人が喜んでくれたら面白いな」

という感覚。喜んでくれた人がたくさん生まれた結果、売り上げも上がっていきました。どんな仕事でもそうですが、自分がしていることを楽しめないと、金運は上がりません。

「お金は苦しんでいただくものだ」

「お金は我慢して会社に行っていただくものだ」

という発想になっていると、貧乏神に好かれてしまうんですね。

つまり、わたしたちが楽しむこと自体を、貧乏神は嫌うのです。


「だったら、好きなことだけしていたら、金運が上がるの？」

というと、答えは「NO」です。

なぜなら、その心にお金の神様がまだついてこないから。そのことは、第3章でお話ししますね。

貧乏神をはらうボディワーク

ここでは、誰でも今すぐにできる、「貧乏神・貧乏龍をはらうボディワーク」をご紹介しましょう。

ワークは簡単、「自分の体をゆっくりなでるだけ」です。

じつは、わたしたちは生きているだけで、筋肉に力が入っている状態なのですが、筋肉は触るだけで力が抜けるということを教えて頂きました。
力を抜いているつもりでも、抜けていないのが人間なのでしょうね。
そんなときは、肩や腕、脚をなでてあげると、力がふっと抜けていきます。

いつも力が入っている生き方の人、「頑張って生きていかなきゃ」という傾向の人は、貧乏神に好かれやすいのです。
なぜなら、いつも力が入っていて、苦しいから。苦しい＝貧乏神の好物です。

意識して、ふわっと体の力を抜くようにすると、体が緩みますよね。その状態のとき、執着がなくなり、願いが叶いやすくなります。

体を緩ませてリラックスするボディワークで、貧乏神と貧乏龍を追いはらっていきましょうね。

第3章

お金の神様・金運龍に好かれる人になる方法

お金の神様を呼び込むシンプルな方法

「ネガティブ」を「ポジティブ」に変える

貧乏神と貧乏龍をはらって、お金の神様と金運龍に愛されるようになると、金運がグンと上がり、人生の運も好転していきます。

では、お金の神様と金運龍に好かれるには、どうすればよいのでしょう。

第2章で、貧乏神と貧乏龍は、「ネガティブ」が大好きだとお伝えしましたが、**お金の神様と金運龍はその逆。「ポジティブ」「楽しい」といった心が大好き**です。

自分と対話することで、自分の心に潜んでいる、または自分でフタをして見ないようにしているネガティブを見つけることができます。

そこに気づくことができたら、ポジティブに変えるチャンスです！


ポジティブに変えていくと、心が「豊か」になります。

お金の神様と金運龍は、豊かさが大好き。特に、心が豊かさで満たされている人の波動に引き寄せられて、すぐにその人についていきます。

たとえ、お金が入ってきたとしても、心が満たされていない状態では、貧乏神もお金の神様も、どちらもその人の近くにはいません。逆に、心が豊かではなく本当の幸せではないので、貧乏神がやってくる可能性が高いのです。


ですから、お金だけで幸せを測るのではなく、心から豊かであることをテーマにして生きていくと、金運龍があなたの波動をキャッチしてくれるようになります。


ポジティブになるには、「欲」も必要です。

「欲」と聞くと、エゴと混合してしまい、よくないこと、ネガティブなことだととらえてしまう人もいるかもしれませんね。

でも、この世界の経済は、人の欲があって回っていますし、これだけ現代の文明が発展したのは、「こういう便利なものがあったらいいな」という、人の欲があったからだと思うのです。

わたしたちも、ある程度の欲があるから、動くことができています。欲がなくなると、人は動けなくなり、やる気がなくなり、貧乏神に好かれてしまうのです。

自分や家族、まわりの人が、豊かさで満たされるために、こうしたいな。こうでありたいな。こういう気持ちから発する欲は、エゴではなく、幸せを掴むポジティブな心に変わっていきますよ。

お金の神様・金運龍は、何に引き寄せられるのか？

金運龍の大好物

さらに、お金の神様と金運龍が大好きなこととはなんでしょうか。

金運龍は、わたしたち人間が楽しんでいる、または笑っていると、その波動に引き寄せられてやって来ます。

毎日楽しいな、幸せだなと思えたり、笑うと、波動は高くなります。

お金の神様も金運龍も、波動が高いことが大好きですから、楽しんでいたり、笑っていたりする人のところには、ワクワクしながら近づいてきてくれるのです。

それから、お金の神様と金運龍は、「感謝」の心が大好物。

今ある状態に感謝できると、神社にもお墓参りにも、お願いをしに行くのではなく、感謝の気持ちを伝えに行くことができますよね。

感謝の波動だけでも、金運龍はキャッチしますが、波動の高い神社に感謝をするために行こうとすると、

「わ〜い！　行こう、行こう！」

と、金運龍が一緒についてきて、お金の神様だけでなく、その神社を司っている神様にもつなげてもらえるんですよ。

そのほかにも、お金の神様と金運龍に愛される人たちがいます。
それは、金運の「ステージ」を踏んでいる人たちです。

金運をアップさせる3つのステージ

お金を循環させるための第1ステージは、まず次の3つが大事です。

- **好きなことをする**
- **できる（得意な）ことをする**
- **楽しいことをする**

今、「本当の幸せ」を追求していくと、これまでの自己犠牲的な我慢した生き方から、自分を大切にして好きなことをする生き方へと変化する時代に入っています。でも、これは第1ステージ。

ビジネスに当てはめるとわかりやすいですが、好きなことだけしていても、お金になる人もいますが、ほとんどの場合、まだお金にならない人が多いのです。

なぜなら、好きなことは、まだ自分を満たしているだけの段階だから。

ただし、**自分を最初に満たすことはとても大事**なことです。

このステージでは、好きなことをして楽しんでいますから、楽しむこと自体を嫌う貧乏神ははらわれても、お金の神様がピタッとついているわけではないのです。

もちろん、好きなことをして大きな収入になっている人もいます。それは次のステージに行っている人なのです。


第2のステージに行くと、ピタッとお金の神様がついてきます。

それが、**「人に喜ばれること・求められることをする」**ことです。

人のために、または相手の喜ぶことをやっていこうとするピュアな心は、ポジティブな方向に向いていて、与えるほうも幸せです。お金の神様はその心に引き寄せられて、その人についていくのです。

そうすると、お金の神様がいるわけですから、大きな収入になったり、臨時収入が得られたりと、金運がどんどん上がっていきます。

「好きなことをしていただけで大きな収入になった」という人は、無意識に人が求めているものを情熱を持って差し出しているのです。

ただし、さきほど伝えたとおり、人に喜ばれること、求められることをするには自分を満たしていないと、犠牲の心になり、金運はいずれ下がっていってしまいます。

第2ステージまで行ったら、**「どれだけの〝受け取る器〟を用意しているか」**が、最後のステージに待っています。

たとえば、大企業の社長さんや大成功されている人のように、全員がなれるかというと、難しいですよね。

なぜなら、それだけの「受け取る器」が、わたしたち全員にはないからです。

器がないから、「怖い」という感情が働いて、受け取ることにストップをかけてしまうのです。

この最後のステージは、規模はそれぞれ違うと思いますが、少なくとも受け取る器を準備している人には、お金の神様は安心してついてきてくれますよ。

常日頃から波動を意識する

いい波動を選ぶ生活をしてみよう

くり返しになりますが、お金の神様と金運龍は、高い波動が大好きです。
ですから、わたしたちがつねに高い波動を意識して、波動を下げずに上げていくと、金運龍はその波動をキャッチして近くに寄ってきます。

その前提として、**常日頃から波動を意識することが大事**です。
これはたとえば、お店を選ぶとき、ご飯を選ぶときに波動で選ぶということです。

最初は難しいかもしれませんが、なんとなく「気がいいな」と思えるものを意識的に選んでいくといいでしょう。

まずは自分の波動を上げるよりも、自分の波動がどうなっているか、日々身のまわりにある波動がどうかを意識して過ごすのです。

その**一番わかりやすい方法は、「自分のまわりにどんな人がいるか」を意識してみること**です。

いつも楽しくワクワクするような人がまわりにいれば、自分の波動も上がっています。その逆もしかり。いつも悪口ばかりでネガティブな相談が多いなら、波動は下がっている状態です。

このように波動が意識できるようになれば、高い波動か、低い波動かがどんどんわかるようになってきます。

そうすれば、いい波動をできるだけ選んでいくことで、金運龍やお金の神様を引き寄せられるようになるのです。

波動を上げたいなら、パワースポットに行こう

波動を変えたいときや、上げたいときは、パワースポットに行くようにしましょう。特に、神社やお墓参りはオススメです。お墓参りをすることは、ご先祖様の応援が得られるので、感謝を込めて定期的にお参りしましょう。

ほかにも、部屋の波動をいい状態に保つことも大切。中でも、自分が長く過ごす部屋や場所を、気持ちのよい状態にしておくと、波動が上がりやすくなります。

ほかに、簡単にできる方法として、イヤなことがあった場合や不安を感じるときなどは、そのことを書き出してみましょう。

「書く」という作業は、自分を客観視できますし、気分が変わりますよね。

好きな香りを嗅ぐことも、気分を変えるいい方法。ある著名な方も、気分を変えるために、大事な仕事の前には必ず好きな香りを嗅ぐとおっしゃっていました。

気分を変えると、波動を変えることになるので、日常的に自分の気持ちに向き合って、下がっているなと感じたら、そのつど気分を変えるようにしてくださいね。

時代の流れに乗る＝金運龍と次元上昇する

そして、波動を上げる、**特に金運の波動を上げるためには、「時代の流れに乗る」ことも、じつは効果的**なのです。

日本も、いよいよキャッシュレス時代に突入しました。これから、ますます加速していくことは予想できますよね。

かつてわたしが営業職をしていた時代、ちょうどインターネットの波が来ていたときでした。

その波に乗る人と、乗らなかった人の境目を見てきたのですが、やはり波に乗った人たちはグングンと売り上げを伸ばして、好転していきました。

そのような時代の波は、より便利になる、向上していくという、ポジティブな目線で発展していますから、時代が変わるときに、乗れるか乗れないかというのは、ポジティブな波に乗れるかどうかにも、大きく関わってくるのです。

それには、スピード感も大切。

のんびり待っていても「運」は動きません。

普段はのんびりでいいんです。わたしも普段はぼーっとしていて、のんびりしていますが、ビジネスのときだけはせっかちになります（笑）。わたしがこれまでお会いしてきた成功者は、みなさんせっかちでした。

速いスピードに乗って、動かしていく。そして行動量を変えていく。

これは、ダイレクトに波動を変える方法のひとつなんですよ。

お金そのものを好きになる

お金の神様と金運龍は、波動が高くて、お金が大好きな人のところにやって来ます。

そして、「この人の望みを叶えてあげたい！」と願うので、金運を上げるという望みを叶えてくれるわけですね。

ですから、お金の神様と金運龍に好かれるには、まずはお金を好きになることが大前提なのです。

第1章の冒頭に挙げたチェック項目で、
☑「**お金が大好き！」と、心から思うこと、または他人に言うことに抵抗がある**
にチェックをした方は、ここから変えていく必要があります。

ここでお金を大好きになるための実践ワークをご紹介します。

お金を好きになるためのワーク

お金は好きですか？

それともお金を好きだと言えない、心の引っかかりはありませんか？

その理由を知るために、自分にとってのお金のメリット、デメリットを思いつく限り書いてみましょう。

お金のメリット

例　お金があると夢を叶えることができる

お金のデメリット

例　お金が人をダメにする

いかがでしたか？

書いてみてどうでしょうか、どちらが多いですか？

お金を好きと言えない理由は「お金のデメリット」があることで起こります。

このお金のデメリットという考え方は、お金が入ることに抵抗し、貧乏龍と貧乏神に愛され続けてしまう結果につながるのです。

お金が嫌いという波動を好物としていますからね。

それでは、お金のデメリットとひとつひとつ、向き合ってみましょう。

例　お金が人をダメにする

↓

【レッスン1　わたしに聞いてみる】

それは本当なのか？（思い込んでいるデメリットを疑ってみることが大事）

↓

お金を得ることで人間的にダメになった人を見た。

↓

それはお金を持った人全員なのか？

お金を持って人間的に成長した人はいないのかな？

↓

【レッスン2　わたしに気づく】

素晴らしい人もたくさんいた。

↓

【レッスン3　わたしはどうしたいの？】
わたしは、お金もあって幸せな人になりたい。
↓
【レッスン4　わたしのｈａｐｐｙを決めよう】
じゃあ、そういった人にわたしがなる！

自分が納得するまでノートや紙に書いて客観視してみることが大切です。

お金のデメリットがなくなっていくことで、お金を好きになり、金運龍とお金の神様に愛されていきます。

キラキラ輝くものを身に着けよう

お金以外にも、お金の神様と金運龍は、金のような「キラキラ」したものが大好き！　ですから、実際にキラキラ輝くものを持つのはオススメです。

お財布やペン、アクセサリー、ネイルデザインなど、自分のお気に入りのキラキラアイテムを見つけてみてくださいね。

男性はベルトなどの金具部分を磨いてピカピカにしましょう。

髪と肌のツヤも大切です。あ、テカテカのお肌ではないですよ（笑）。ツヤがあると、キラキラしたエネルギーを放ってくれるからです。

特に髪の毛には、邪気がつきやすいので、念入りにケアをするようにしましょう。

毛先を切るだけでも、ずいぶんと波動は変わりますし、ツヤを出すようにケアすると、ネガティブな念を跳ね返すこともできますよ。

そのように、外見や持ち物からキラキラ輝くようにすると、内面のエネルギーも輝いていきます。すると、貧乏神は近寄れず、逆に金運龍とお金の神様が興味を持って近づいてくれますよ。

お金のアンテナをはる方法

チャンスを呼び込む「意識のスイッチ」

日本のことわざに、「棚からぼた餅」という言葉がありますよね。

労なくして幸運を得ることを表した言葉ですが、そもそもその棚の下まで歩いていかないとぼた餅をキャッチできませんよね(笑)。つまり、そこまでは動かないといけないんです。


金運を受け取るために大事なのは、「お金のアンテナ」をしっかりとはること。

これができていないと、どれだけチャンスやいいお金の流れが来ていたとしても、お金の運を受け取ることができません。

では、お金のアンテナはどうやってはればいいのか？

それは**「あるフォーカス」をオンにする**ことです。

人の思考はシンプルで「ある」にフォーカスしている人と、「ない」にフォーカスしている人がいます。

この「ある」にフォーカスするのです。

このスイッチをオンにするだけで、お金のアンテナをはることができます。

金運だけでなく、小さな幸せや、ときめき、いい波動すべてを引き寄せます。


具体的にはどうすればいいか？

それは、意識的に「ない」ものではなく、「ある」ものにフォーカスを合わせていくこと。

たとえば、

・これだけしかお金がない
↓本当に必要な金はある

・いいことが何も起こらない
↓小さなことだけど、今日こんないいことがあった

このように、「ある」を探して動いていくことが大切です。

お金に関しても「ある」にフォーカスすると、それがそのまま「お金のアンテナ」になるんです。

いきなり大きな金塊を探し当てるということではなくて、日常で小さな幸せを見つけていくと、「ある」が増えていきます。

直接お金を探すのではなく、「こういうことも幸せだな」と思える瞬間を探すのです。

自分の中で「あるなぁ」と感じることができると、金運龍もその波動をキャッチし、結果として豊かさで満たされます。

逆に、「ない」に目を向けていると、「ない」しかなくなり、小さな幸せに気づくことすらできなくなってしまいます。

わたしが行っているヒーリングを受けていただく方を見ていても、小さな幸せを見つけられる方は必ず結果が出ています。

それは、「ある」に意識を向けて、お金のアンテナが立っているから。


アンテナが立っていないと、金運が上がるチャンスが来ても気づくことができませんし、自分には「ない」と信じていると、チャンスは素通りしてしまいます。

じつは、どんな人にも運を上げるメッセージはつねに降りてきているのです。でも、

「そんなのムリに決まっている」

「あり得ない」


と、「ない」にフォーカスしていると、メッセージが来ても無意識の中で「ウソだ」と思ってしまって、チャンスを逃してしまうんですね。

ですから、「ある」というお金のアンテナをつねにはっておくことは、金運を上げるために欠かせないのです。

「浄化」を習慣にしよう

塩は最強のスピリチュアルツール

お金の神様は、貧乏神が張りついている場所や人には近寄りません。
そもそも貧乏神とお金の神様は波長が違うので、鉢合わせることはありませんが、お金の神様と金運龍に好かれる人になるには、貧乏神と貧乏龍を追いはらうための「浄化」を、つねに心がけましょう。

いつも簡単に浄化できる方法として必ずお伝えするのが、**「お塩」を使った空間と体を浄化する方法**です。

わたしは、このお塩で結界をはってどれだけネガティブエネルギーから身を守られたかわかりません。それだけ大事なアイテムです。

お塩は〝清める〟力が強いですから、お塩を使って部屋に結界をはったり、塩風呂に入ったり、水回りの掃除の最後に、お塩をパッと流したりするだけでも、清い空間が大好きなお金の神様と金運龍は喜んでくれますよ。

海の力で浄化する

それから、**ぜひオススメしたい簡単な浄化方法が、「海水に浸かる」**ことです。

お塩をお清めに使うようになった理由として、伊《い》弉《ざ》冉尊《なみのみこと》が海水に浸かってみそぎを行った、という説が有力です。

海水は、お塩を含んでいますから、海に入るだけで浄化できます。海に入るといつもスッキリした気分になるのはこのためです。海水で花粉症やアトピーが治ったという人もいるようですから、デトックス効果は半端ではないのでしょうね。

大人になると、特に女性は、海に入ると砂がつくし、そのあとのシャワーや着替えなどいろいろと面倒で、海に行っても入らないという方もいるかもしれません。

できたら足だけでもいいので、海に入って、浄化してくださいね。
そうして自分自身を清めて、お金の神様に愛される人になりましょう。

神様の得意分野を知って、力を借りる

神様からメッセージを受け取る方法

わたしは神社を訪れるのが大好きですが、行って何をするわけでもなく、ただただその場所の波動を浴びるために行きます。

このとき、ぼーっとする時間がとても大事。なぜなら、ぼーっとしているときに、ひらめきが降ってくるからです。

わたしのお気に入りの聖地である、明治神宮の御苑の中にある「清正井《きよまさのいど》」まで歩いていると、大変なくらい言葉が降りてきて、対話が始まります。ここは精霊のエネルギーがとても強い場所です。

そのような場所では、ただ歩いたり、ちょっと休憩したりして、ゆっくり過ごすと、神様からのメッセージを受け取りやすくなります。

拙著『いいことだけを引き寄せる結界のはり方』（フォレスト出版）や、『やったほうがイイ！　邪気祓い』（日本文芸社）でもお伝えしましたが、神社や聖地を訪れるとき、神様にお願いをしたり、運をもらおうとしたりすることは、自分にはそういうエネルギーが「ない」と宣言しているようなもの。

そうすると、貧乏龍が鳥居の前に待ちぶせして「待ってました！」とばかりに、その「ない」状態を叶えようとするのです。

ですから、神社や聖地には、日頃の感謝を伝えよう、神社のエネルギーを浴びようという、フラットな気持ちの状態で行くようにしましょう。

そして、これからの自分を宣言することで、その場所を守っている神様は願いを叶えようと、あなたに力を貸してくれますよ。

じつは、神様には得意分野があります。

金運アップにオススメの神社・聖地と神様

神様はいくつもの分野（金運、開運など）を司っていらっしゃいますが、ここに挙げた神様や神社・聖地の得意分野は、わたしがじっさい行ってみて特に強力なエネルギーだと思うものを少しだけピックアップしています。

ほかにももっとたくさん存在しますので、ご自分で調べたり探したりして、神様との出会いを大切にしてくださいね。

■金運の神社・聖地

伏見稲荷大社（京都府）
天河大弁財天社（奈良県）
熊野三山（和歌山県）
厳島神社（広島県廿日市宮島）
穴八幡宮（東京都新宿区）
三島大社（静岡県）
金澤神社（石川県）
九頭龍神社（神奈川県）
琴平神社（神奈川県）
江島神社（神奈川県）
函館八幡宮（北海道）
代々木八幡宮（東京都渋谷区）
東京大神宮（東京都千代田区）
日枝神社（東京都千代田区）
出雲大社（島根県）
弥彦神社（新潟）
大洗磯前神社（茨城県）
銭洗弁財天宇賀福神社（神奈川県鎌倉市）
金王八幡宮（東京都渋谷区）
宮益御嶽神社（東京都渋谷区）
愛宕神社（東京都港区）
厳島神社（広島県廿日市宮島）
新屋山神社（山梨県富士吉田市）日本三大金運神社
安房神社（千葉県）日本三大金運神社
金劔宮（石川県）日本三大金運神社
ペレの椅子（ハワイ）
富の噴水（シンガポール）
他

●金運の神様

弁財天（七福神）
恵比寿（七福神）
大黒天（七福神）
ラクシュミー（ヒンドゥー教の女神）
ゼウス（ギリシャ神話の神）
他

■浄化の神社・聖地
北口本宮冨士浅間神社（山梨県）
上賀茂神社（京都府）
元伊勢籠神社（京都府）
元伊勢籠神社 奥宮 眞名井神社（京都府）
大石林山（沖縄県国頭郡）
大洗磯前神社（茨城県）
熊野三山（和歌山県）
他

●浄化の神様
ターラー菩薩
日本武尊
他

■運気上昇の神社・聖地
伊勢神宮（三重県）
代々木八幡宮（東京都渋谷区）
明治神宮 清正井（東京都渋谷区）
鹿島神宮（茨城県）東国三社
香取神宮（千葉県）東国三社
息栖神社（茨城県）東国三社
熊野三山（和歌山県）
産土神社
氏神神社
大石林山（沖縄県国頭郡）
他

●運気上昇の神様
天照大神
他

●商売繁盛の神様
ガネーシャ（ヒンドゥー教の神）
恵比寿（七福神）
大黒天（七福神）
他

■龍神の神社・聖地
九頭龍神社（神奈川県）
江島神社（神奈川県）
元伊勢籠神社（京都府）
白山比咩神社（石川県）
香取神宮（千葉県）
北口本宮冨士浅間神社（山梨県）
日光東照宮（栃木県）
日光二荒山神社（栃木県）
鶴岡八幡宮（神奈川県）
貴船神社（京都府）
鞍馬寺（京都府）
仙酔島（広島県）
出雲大社（島根県）
日御碕神社（島根県）
厳島神社（広島県廿日市宮島）
天河大弁財天社（奈良県）
熊野那智大社（和歌山県）
首里城（沖縄県）
他

たとえば、金運が得意な神様、商売繁盛が得意な神様、恋愛が得意な神様、芸能が得意な神様……など、それぞれです。

波動を高めて運気を上げたいなと思う分野の神様のもとを訪れて、その神様のエネルギーを浴びると、力を貸してくれます。

パワースポットと呼ばれる神社や聖地を訪れるのが難しい場合は、近くの神社で大丈夫です。特に自分が住んでいる地域を守っている神社に参拝することをオススメします。

前ページに「金運アップにオススメの神社・聖地と神様」をまとめましたので、ぜひ参考にして行ってみてくださいね。神様はいくつもの分野（金運、開運など）を司っていらっしゃいますが、ここに挙げた神様や神社・聖地の得意分野は、わたしが特に強力なエネルギーだと思うものをピックアップしています。

ほかにも、もっとたくさん存在しますので、ご自分で調べたり探したりして、神様との出会いを大切にしてくださいね。

パワースポットや神社、聖地と呼ばれる場所に行ったとき、

- **強い風が吹く**
- **突然、天候が変わる**（特に雷が鳴ったり、雨が降ったりする）

こういうことが起こったら、それは神様から歓迎されているサイン。龍神が自然のエネルギーを動かしてサインを送ってくれているのです。

もしこういうことが起こったら、感謝の気持ちで、「ありがとうございます」と伝えてくださいね。

ほかにも、神社や聖地に行って、ネガティブな心の状態でいると、頭が痛くなったり、寒く感じたりしたら、それは考えすぎのサイン。貧乏龍が近づいてきますよというサインとも読み取れます。

逆に、体がポカポカしてきたり、急に暑くなってきたら、それは神様とお金の神様が応援し、金運龍があなたのまわりを楽しそうに飛んでいるサインですよ。

ネガティブを放置しない

ネガティブ波動は早めにどんどん打ち消そう

陰陽の法則の世界に生きているわたしたちには、ネガティブはつきものです。どんなに成功している人でも、お金の神様に愛されているような人でも、ネガティブになってしまうことはあります。

ネガティブになることは、悪いことではありませんし、あってもいいのです。ただ、要注意なのが、ネガティブを「放置する」ことです。

ネガティブをそのまま放ったらかしにしていると、意識に入り込んでしまい、ネガティブなエネルギーを放つようになります。そして波動が下がり、その周波数を貧乏龍が察知して、貧乏神にまでつながってしまうのです。

では、ネガティブになったら、どうすればいいのでしょうか。

ネガティブになってしまったときは、本当の自分に出会えるチャンスだとみなして、自分と向き合うことです。

具体的には、自分と対話をするために、自分の気持ちや感情をノートに書き出してみましょう。

書くだけでスッキリしますが、

「こんなこと思っていたんだ」

「意外とたいしたことなかったんだな」

などと気づくこともできます。


そうやって、ネガティブになったらプラスに変えられるときなんだと思って、自分と向き合うと、波動が上がります。

ネガティブからポジティブへと波動が高まると、陰陽の法則が働き、大きくエネルギーが動きますから、金運龍が一瞬でやって来て、お金の神様にまでつなげてくれます。

お金の神様も金運龍も、ポジティブな波動が大好きですから。

第4章

金運を高める潜在意識の書き換え方

もっともっと金運を上げるためには、どうしたらいい？

金運の鍵を握っているのは、フォーカスと感謝

わたしが今のようなスピリチュアルを軸とした活動をする前に、今までやってきた仕事を辞め、収入が途絶えたことがありました。本当に「お金がまったく入らない」という経験をしたのです。

このとき、不安がなかったと言えばウソになりますが、

「毎日ご飯を食べられているし、住むところもあるし、家族も幸せそうだし……あぁ、わたしって幸せなんだ〜」

と、ふと駅のホームで実感したことがありました。そのときから、現実が本当に豊かになっていきました。

もしここで、お金が「ない」ことにフォーカスしていたら、幸せに気づくこともできず、ズルズルとネガティブになっていき、貧乏神に好かれてしまっていたかもしれませんね。

わたしがあのとき、貧乏神ではなくお金の神様に応援してもらえたのは、「ない」ではなく、「ある」という意識を、自分の潜在意識にすり込ませることができたおかげでした。

潜在意識については、これまでの著書でもたくさん語ってきましたが、頭（顕在意識）でどれだけ「お金が入るようになる」と願っていても、潜在意識に届いていなければ、お金を豊かに手に入れられる現実は叶いません。

逆に、潜在意識にあることが、現実に引き寄せられますから、もしネガティブな思考が潜在意識に潜んでいたら、ネガティブな現実が起こるのです。

貧乏龍がやってくる原因はネガティブな心だと、すでにお伝えしましたが、その心を放置しておくと、そのまま潜在意識にネガティブが入り込んでしまいます。その潜在意識が波動となり、現実をつくるわけですね。

そうすると、貧乏神がもっともっと応援してくれるようになるのです。

ですから、潜在意識にあるネガティブをポジティブに書き換えることで、金運をもっともっと高めていくことができるんですよ。

潜在意識を活用した金運を高める方法

潜在意識を書き換えて金運を上げていくには、自分がつねに何を考えているかを自覚することが大切です。

もし、

「お金が大好き」
「金運は上がる」

と思えても、一瞬ですぐに「といっても、ほんとはお金なんてないんだけど……」と思ってしまうとしたら、それは潜在意識に「お金がない」という情報が入っていることになります。

一瞬だけポジティブなことを考えたとしても、ネガティブなことを考えている時間のほうが長い場合は、潜在意識にネガティブが入り込んでしまっているのです。

そうすると、トラブルが起きたとき、ポジティブに考えることができず、貧乏龍がやってきて、潜在意識にあるネガティブ思考を叶えてくれるというわけです。

潜在意識は、実際は根深いものです。ほとんどの場合、幼少時代につくられた「心のブロック」が要因となっています。

顕在意識で、
「お金は入ってくる」

「豊かになる」

と思っていても、

「お金は怖いもの」

「お金はそんなにいらない」

という心のブロックが働くと、それはイコール「お金のブロック」となり、お金を受け取れず、金運はどんどん遠ざかるばかり。

ですから、まずは自分の意識と向き合って、お金に対してつねにどんな意識を持っているのか、見つめてみることがとても大切なのです。


自分の意識を自覚して、ポジティブに書き換えるには、「心の柔軟さ」が鍵となります。年齢とともに頑固になりがちな心を柔軟にしておくと、潜在意識の書き換えがしやすくなり、金運も上がっていきますよ。


また、お金が入ってくる窓口を決めないようにすると、金運は上がっていきます。

これにも潜在意識の力を活用できるんです。

特に、会社勤めの場合、いつも決まった相手から収入を得ていますよね。専業主婦の方も、旦那さんという窓口があります。

でもお金の窓口を、「ここだけ」と決めつけてしまったり、

「お金はこうやって入ってくるものだ」

という意識でいると、臨時収入の経路を、自らの潜在意識で閉じてしまうのです。

どんな仕事をしているか、働いているか・いないかに関係なく、いつもどんな意識でいるかによって、お金は流れてきます。

たとえば、遺産相続、生前贈与、宝くじ、旦那さんの昇格によるお給料アップ、副業も含めさまざまな臨時収入の窓口がありますよね。

ですから、

「**お金の入り口はたくさんある！**」

という思考をつねに持って潜在意識に入り込ませて、金運をどんどん高めていきましょう。

思い込みの力を使って、金運アップの潜在意識をつくる方法

制限が外れれば、潜在意識は変わっていく

金運を高めていくために、どうやって潜在意識を書き換えていけばよいのか、さらにお伝えしていきますね。

心のブロックに関する講座を開催していて、受講生のみなさんを見ていると、金運がみるみるうちに上がっていく人と、そうではない人の特徴がよくわかります。

そのひとつが、「〜すべき」という制限の思い込みがあるか・ないかです。

制限があると、

「こうじゃなきゃいけない」

という思考になりますよね。そうすると、反する意見に出くわしたり、自分の思いどおりにならないことがあると、人を非難したくなってしまいます。

でも、

「あなたはそういう考えなのね」

「そういうのもありだよね」

と、自分の考えを持ちながらも、相手を受け入れられる柔軟な考え方ができるようになると、制限の思い込みが外れて、潜在意識は変わっていきます。

自分は悪くないという思い込みや、何かのせいにする考え方は、

「相手が変わるべき。わたしは変わりません！」

と宣言しているのと同じこと。

このようなときは、やはり自分の波動が下がっていくために貧乏神と波長が合い、さらに問題が大きくなっていくという悪循環になっていきます。

「問題はすべて自分の中にある、自分の潜在意識が引き寄せているんだ」

と受け入れると、その瞬間、貧乏神とは波長が合わなくなり、去っていきます。
そして、

「存在していること自体、価値があるんだよ」

と自分で自分を認めていく。

「〝価値がない〟というのは、自分の不要な思い込みなんだ」
と受け入れていくことで、自信を取り戻すことができると同時に、心のブロックが外れていき、潜在意識を書き換えることができるのです。

お金を受け取れる人になる方法

コンフォートゾーンの変化を見極めよう

わたしは、母親の「お金がない」という口グセの影響で、

「お金がなくなったら死んでしまうかもしれない」

と、大げさにも恐怖を感じていました。だから、子どもの頃からずっと、

「お金を使うのが怖い」

という思い込みを持っていたんです。

思い込みの力って、とても強力なんですね。だから、営業職時代、「お金がなくなっ

たらどうしよう」「お金は怖いもの」という思い込みがあったせいで、自分ではもちろん無意識ですが、売り上げを下げてしまうことが度々ありました。

じつはこれ、「コンフォートゾーン」という、わたしたち人間に備わっている本能に対しての、神様からの「お試し」でもあるのです。

わたしたちは、長く慣れた安心安全な場所や、居心地の良い場所である「コンフォートゾーン」を、意識の中に持っています。

ですから、「いつも受け取っている額が、わたし〝らしい〟し、安心する」のです。

このゾーンが、少しでも上下へ移ると、人は、怖さや不快を覚えます。

ゾーンが下がった場合、お金を失うことが恐怖に変わり、また元にいたゾーンまで上がろうと頑張りますよね。

でも、同じようにゾーンが上がったときも、じつは元のゾーンに戻そうとするのです。

たとえば、毎月20万円受け取っていたのに、急遽、「今月から50万円に上がります」となった場合、

「え、なんで？」

「そのお金、怪しくない？」

と、疑うようになり、

「ちょっと怖い」

となってしまうんですね。

さらに、ゾーンが上がった場合、

「あなたはこれだけのお金をもらっても大丈夫？」


という、お試しのような出来事が起こります。

そうすると、人は本能的に安心安全な場所に戻ろうとするため、ゾーンを元に戻そうとするのです。

要は、「揺り戻し」が起こるんですね。

「〝お金が欲しい〟と思っているのに、戻すなんて」と、不思議に思うかもしれませんが、長年慣れ親しんできたゾーンがなくなったり、崩れたりするのは怖いものなのです。たとえ、もっと豊かになるとわかっていても、「いつものわたしが〝わたしらしい〟」と思ってしまうものなんですね。

これは、どんな環境の人にも起こり得ます。

起業家の場合、

「これ以上収入が上がると、もっと忙しくなるんじゃないか」

と思って、ゾーンが上がるようなチャンスをふいにしてしまうかもしれません。

または旦那さんのお給料が上がったとしても、

「もっと会社に縛られるようになって、家族で一緒に過ごす時間がなくなるのでは？」

などと怖さを覚えて、元に戻すためにさまざまなことを起こすのです。

実際に、ゾーンが上がらないように、怪我をしたり病気になったりして、お金にならないよう、状況を変えてしまうことだってあるのです。もちろん無意識のレベルですから、潜在意識が働いているといえますよね。


このような揺り戻しが起こるとき、自分の中で葛藤が始まります。

「受け取っていいのかな。大丈夫かな」

と。そこで、

「やっぱりわたしなんて……」

と、ネガティブになっていると、貧乏龍と貧乏神がやって来て、

「そうだよ！　あなたはゾーンを上げずに戻るべきだよ！」

と、元の状態に戻されてしまうのです。

ゾーンを上へ移すと、当然、手に入るお金の額も上がるようになりますし、金運自体が上がります。

でも急にゾーンを移そうとすると、一気に体重を落としたダイエットと同じで、リバウンド作用が大きく働いてしまい、揺り戻しが大きくなります。なので、少しずつゾーンを上げるようにするといいですね。

ラクな心のまま、

「これがわたしらしいゾーンだよ」

と、潜在意識をある意味〝騙す〟には、ちょっとずつゾーンを上げていくと効果的です。

それでも、神様からの揺り戻しに対して葛藤が起きてしまい、**ズルズルとネガティブに引っ張られそうになったときは、自分のことを「責めない・否定しない」と決めてください。**

そして、前の低いゾーンには「戻らない！」と、決めてくださいね。

決めると、それまでの安心安全なゾーンを抜け出したとしても、不安がなくなります。

「振り向かないって決めたけど、まだ不安が……」

という人は、決められていません（笑）。

決められていると、

「これでいい！　これがわたし！」


という思い込みが潜在意識に届き、それまでのゾーンを逆に低く感じて居心地悪くなったりするのです。

そうやって、思い込みの力を使いながら、ちょっとずつゾーンを上げて、金運を高めていきましょう。

口グセを変える

第2章で、言葉の影響力についてお話ししましたね。

わたしたちの潜在意識は、自分が放つ言葉を聞いて、それを信じています。

ですから、口グセには要注意！　言葉を放つと、自分と脳に言い聞かせることになり、最終的にはそれが潜在意識の言葉となるからです。


とはいえ、お金が本当にないときに、「お金がある」とは、なかなか言えないですよね。

わたしも経験があります。そんなときは、

「生活できているということは、〝ある〟んだ」

と言うようにしたのです。間違っても、「ない」とは言わない。

そうやって、「ある」ほうに意識を向けていると、口から出る言葉も「ある」前提になり、結果として潜在意識に「ある」が書き込まれます。

それでも「ある」に意識を向けるのが難しい場合は、思いきってお財布にまとまった額を入れて、毎日見るようにしてみてください。お札がたくさん入っていると気分がいいですし、実際に「お金がある」状況ですよね。

金運を上げるには、思考と、口に出すことと、行動が一致している必要があります。

そのためにも、「お金がある」状況をはじめにつくるように行動しておくと、あると思うことができ、「お金はある」と、いつも言うことができるようになりますよ。

潜在意識に「ある」を書き込む

潜在意識に「ある」を入れ込むために、次のような言葉を常日頃から自分に投げかけましょう。

たとえば、

「なんでこんなにお金があるんだろう♡」

「なんでこんなにデキるんだろう♡」

「なんでこんなに魅力的なんだろう♡」

自分にこのような言葉を投げかけてあげると、わたしも潜在意識も「ある」を探し始めます。

たとえば、「なんでこんなにお金があるんだろう♡」と投げかける。すると、

「わたし、仕事がんばってるもんね！　だからお金が入ってくるんだな。さすが、わたし♡」

というように、自分の「ある」を見つけて答えようとするのです。

「お金があるわたし」「デキるわたし」「魅力的なわたし」を探し出し、「ある」をど

んどん見つけ、潜在意識に書き込みます。そうして「ある」を増やしていくことができるのです。

何かうまくいかないことがあったときでも、

「それでもうまくいっている」
「それでもわたしの運は上がっている」

と言っていると、本当に運気は上がっていきます。

なぜなら、言うことで、その情報が潜在意識に入り込み、現実をつくるから。

ですから、金運を高めるためにも、「ある」を意識できるポジティブな言葉を口グセにしていきましょうね。

瞑想をして潜在意識を書き換える

幼い頃からの思い込みが原因で、大人になってもずっと、お金のブロックがあったわたしですが、あるときブロックを外すことができました。

なぜブロックを外せたのかというと、瞑想をするようになったからです。

営業職時代、潜在意識の力が強くて、

「お金は入ってくるし、使ってもいい」

と、なかなか信じることができず、結果として売り上げを下げてしまったことがあったのですが、あるときから毎日瞑想するようにしたのです。

「なんでお金がないことがこんなに不安なのだろう」

「なんでお金を使うことがこんなに怖いのだろう」

そうやって、自分自身に問いかけて、自分の意識と向き合い瞑想を毎日していたところ、ある日、急に、自分の意識の中から不安が消えていることに気づきました。

わたしにとっては、不安がお金のブロックと直結していたので、それはお金のブロックが外れた瞬間でもありました。

それと比例して、売り上げもどんどん上がっていったのです。

瞑想は、自分自身と向き合う時間。自分の意識にある不安を吐き出して、地球に返し、そして新たな地球のエネルギーを入れていくという作業です。

これにより、心のブロックも外れます。

チャクラ瞑想

オススメの瞑想法は、「チャクラを開く」瞑想です。

チャクラとは、サンスクリット語で「車輪」を表す言葉で、体に7つあるといわれています。

このチャクラは、生命のエネルギーセンターで、エネルギー（気、プラーナとも表現されます）の流れをコントロールしています。

宇宙エネルギーから体にあるチャクラにエネルギーを供給して、チャクラから放出されるエネルギーによって、オーラが形成されます。

チャクラそれぞれが車輪のように回転していますが（チャクラごとに回転の速度は異なります）、その回転が遅くなるとバランスを崩し、心・体の不調が出てくるため、チャクラのバランスを整えることが大切になります。

それでは実践に入っていきましょう。

＊

まずは、地に足をつけるために、グラウンディングの瞑想を行います。

リラックスして座ります。そして、第1チャクラが少しだけ開いていくイメージをしてみてください。

それから目を閉じて、第2から第6までのチャクラを順に、少し開く意識をしていきます。

そして、頭頂である第7チャクラから、宇宙からキラキラとした黄金のエネルギーが流れ込んでくるイメージをしてみてください。

第7チャクラから、宇宙エネルギーを取り入れ、第7チャクラに合わせます。そのまま眉間《みけん》にある第6チャクラにエネルギーが流れ、第6チャクラに宇宙エネルギーを合わせていくイメージをします。

次に、喉にある第5チャクラにエネルギーが流れ、第5チャクラに宇宙エネルギーを合わせ、胸部の第4チャクラにエネルギーが流れていきます。

第4チャクラに宇宙エネルギーを合わせ、そしてみぞおちにある第3チャクラにエネルギーが流れ、また第3チャクラに宇宙エネルギーを合わせていくイメージをします。

そして、丹田にある第2チャクラにエネルギーが流れ、第2チャクラに宇宙エネルギーを合わせ、尾てい骨あたりの第1チャクラにエネルギーが流れていきます。

第1チャクラに宇宙エネルギーを合わせていくイメージをしましょう。

さらに、尾てい骨と足の裏から光のロープを降ろしていくイメージを思い描き、光のロープを地球の中心に向かってさらに伸ばしていき、地球の中心と繋げるイメージをします。

この地球の中心まで繋がった光のロープを、グラウンディング・コードと言います。
自分の内側にあるネガティブなエネルギーを、グラウンディング・コードを使って地球の中心まで流すイメージをします。

もう必要のない感情、どうしても許せなかった出来事、腹立たしい怒り、不安で前に進めない気持ち、忘れられない悲しい感情などをどんどん流していく感じです。

ネガティブな波動は、地球の中心で浄化されたエネルギーとなって地球に還っていくイメージをします。

地球の中心から湧きあがるマグマのエネルギーを、グラウンディング・コードを通して受け取り全身に流すようにイメージします。

気持ちがスッキリするまで、何度かくり返します。

それでは、ゆっくり目を開けましょう。

＊

第7チャクラが閉じていると、頭で考えすぎてしまい、貧乏神に好かれやすくなります。なぜなら、直感を信じずに思考に頼ると、ネガティブに偏りやすくなるからです。なんでも理屈で考えて、理由づけしようとすると、それが悪いわけではありませんが、チャクラが閉じてしまいます。

第7チャクラが閉じてしまうと、降りてくるメッセージやひらめきが信じられなくなり、「これをやってみたほうがいいかもしれない」という直感に対しても、

「でも、自分にとって損になるんじゃないか」

など損得や失敗を考えて、行動できなくなってしまうのです。

それでは、ブロックは外れませんし、行動しなければ運は上がりませんよね。

瞑想によってチャクラを開き、メッセージを信じて行動する。そして、自分の意識

の中にあるネガティブに気づいて、取り除いていく。

そうすると、潜在意識からネガティブが消え、運気の高い現実をつくっていくことができますよ。

チャクラ瞑想をすると、直感が冴え、体も活性化されていきます。

〈チャクラの意味〉
第7チャクラ（紫色）：超意識、高次の意識（位置：頭頂）
第6チャクラ（藍色）：直感、判断力（位置：眉間）
第5チャクラ（青色）：コミュニケーション、自己表現（位置：喉）
第4チャクラ（緑色・ピンク）：無条件の愛、感情（位置：胸部）
第3チャクラ（黄色）：精神的活力、意志、意欲、自信（位置：みぞおち）
第2チャクラ（橙色）：セクシャリティ、快楽、パートナーシップ（位置：丹田）
第1チャクラ（赤色）：生命力、基底、生命エネルギー、グラウンディング（位置：尾てい骨）

もっと深く自分の潜在意識と対話をする

先の章で、自分との対話について書きました。

自分の潜在意識の扉を開くようなイメージで、自分の心の深層にたどり着くまで対話を続けてみるのです。

ここではさらに深い対話について解説していきますね。

自分の潜在意識の中に、どんな情報があるのか、瞑想によって気づくことができますが、それには自分の意識と「対話する」ことで気づけるようになります。

たとえば、貧乏神が大好きな「自分には価値がない」という情報は、潜在意識の中でも上、つまりより顕在意識に近い位置に存在しています。

自分の意識に上ってくるような情報は、顕在意識に近いので気づくことができますが、潜在意識の深い部分にある情報は、自分で気づくことは難しいもの。

でも、顕在意識に近いほうにある意識に気づくだけでも、十分に変化できます。

ここで大切なのが、

「なんでわたしは、自分には価値がないって思っているんだろう？」

と、自分と向き合って対話することです。

自分の意識に潜むネガティブと向き合うことができると、ラクになります。でも、向き合うのが怖いと思っている人が大半。

なぜなら、「わたしがいけないんだ」と、自分を責める要素が出てくるからです。

だから、ネガティブな状態にフタをして、向き合えない人もいるんですね。

フタをしている人は、環境的に我慢することを強いられてきたため、大人になっても自分の意見が言えない状態だったり、他人軸で生きることが当たり前になっていて、自分のしたいことすらわからなくなっているのかもしれません。

潜在意識と対話をするときは、「わたしは今、幸せ？　幸せじゃない？」と、まず心に正直に問いかけてみてください。

その言葉に、どう反応しますか？

自分の意識の反応に、しっかりと向き合って、怖がらずに対話するようにしましょう。

大丈夫です。自分と向き合ってもみんな「黒い自分」がいるし、ダメなところも持っているのです。黒いわたしも、ダメなわたしも責めるのではなく、「そんなわたしも可愛い♡」と言ってあげる。

それが、潜在意識を書き換えるための近道です。

より深く自分と対話する方法

わたしは20代後半から、自分と対話する方法を行ってきました。

当時のわたしは、自分がわからず、

一体何者なのか？

なぜ、このように感じるのか？

わたしはこれでいいのか？

と、ずっと迷い問いかける毎日を送っていたときに、わたしの心（魂）と対話することを覚え、行ってきました。

そうすると不思議ですが、自分のモヤモヤが晴れ、毎日心地よく過ごせるようになったのです。

今は、ノートや紙に書かなくても、心といつでも対話できるようになりましたが、はじめの頃は書き出すことで、自分を理解していきました。


もちろん、今も書き出すことをしています。

わたしと対話する方法は、「わたし」を知ることにあります。わたしを知ることで、自分で運気を上げることができるようになっていきます。

それでは実践する方法をご紹介します。

次の例を参考にして、ぜひ楽しんでやってみてくださいね。

例　なんだかモヤモヤする！

↓

【わたしを探す】

なんで、こんなにモヤモヤするんだろう？

↓

（心を探ってみる）

↓

【わたしを知る】

先月、お金を使いすぎて今月の支払いが怖いんだ！

↓

何が怖いんだろう？

↓

今月、お金が足りるのかな。

↓

【レッスン1　わたしに聞いてみる】

本当に足りないのか？

↓

【レッスン2　わたしに気づく】

今のままだと足りない。

じゃあ、どうする？

↓

どうしよう。

↓

【レッスン3　わたしはどうしたいの？】

お金が足りる生活をしたい。

お金が足りなかったときの対処法を思いつく限り考える。

・貯金を使う

・バイトする

・親に借りる

・足りるように1カ月間過ごす

この中で自分の心がラクになることを選択していきます。

↓

【レッスン4　わたしのｈａｐｐｙを決めよう】

足りるように1カ月間過ごしてみよう。

このような感じで対話してみましょう。

心の問題がわからないときは、【わたしを探す】→【わたしを知る】ことから始めます。

書くときは正直な気持ちを全部書き出してみると、気持ちもスッキリしますよ。

そして、この対話のときに自分との約束をしましょう。

たとえば、

・自分のことを責めない

↓「**こんなわたしも可愛い**」**でいい！**

・自分のことを否定しない

↓**「こんなわたしもあっていい」でいい！**

・やったことに後悔しない

↓**「これから改めればいい」でいい！**

このように、次にどうするかを考えていくと、ネガティブの波動の流れが変わり、ポジティブの波動が流れ始めていきますよ。

天照大神の結界をはって金運アップさせる方法

すごいエネルギーバリアのはり方

ここで、**潜在意識を書き換える際に効果的な、超強力な「エネルギーバリア」**を、特別に伝授しますね。

これにより、潜在意識の中に新たなネガティブ情報が入らないように、バリアをはることができます。

まず、自分の周囲でもいいですし、自分がいる空間でもいいですので、4面を決めます。イメージとしては、箱に入っている感じです（上と下を入れた6面でもOKです）。

そして、それぞれの面に向かって、

「天照大神《あまてらすおおみかみ》」と唱えましょう。まわりに家族がいたりして恥ずかしいのであれば、心の中で唱えるだけでもＯＫです。

実際に体がその面と向き合うようにして、向きを変えて言うようにしてください。

そのとき、事前に４カ所に盛り塩や、好きな香りのスプレーをしておくと、より効果的です。

これで、天照大神が守ってくれる、強い結界をはることができます。

通常は、21日間はっておくことができる結界ですが、自分のネガティブな心で結界が取れてしまうこともあるので、なるべく毎日はるようにしましょう。

自分を浄化したあとや、お香を焚いたあと、または瞑想のあとにするのがオススメです。この結界によって、貧乏龍や貧乏神など低い波動に同調するものが入りにくくなります。

逆に、お金の神様や金運龍など、波動の高いものが近寄りやすくなります。

金運を高めるために潜在意識を書き換えたいときは、ぜひ天照大神のパワーを借りてみてくださいね。

天照大神《あまてらすおおみかみ》

第5章

金運力を高める「金運龍」を動かす習慣

金運龍を動かす習慣

金運龍に動いてもらおう

金運龍が動いてくれると、一気に金運は上がります。それは、あなたとお金の神様をつなげてくれるから。ですから、金運龍に動いてもらいたいですよね。

第1章で、金運龍に動いてもらうには、「運を動かす」ために行動することが大切とお伝えしました。

ここからは、金運龍を動かすために習慣にしたい行動をご紹介しますね。

金のシャワーを浴びる

まずはエネルギーワークから始めましょう。

方法はとても簡単。目を閉じて、金のエネルギーが、シャワーのように自分へ流れるのをイメージするだけです。

金のエネルギーが流れ込み、そして自分もまわりも金色に染まっていくのをイメージします。


特に、第4章でご紹介した、天照大神の結界をはったあと、このワークを行うと、とても効果的です。


このエネルギーワークは、浄化もできるうえ、波動が上がる方法です。

高い波動に喜んで、金運龍がどんどん動いてくれるようになりますよ！

開運日のエネルギーを使う

開運日を使いこなすと、金運はもっと上がる

わたしのブログ記事の中でも大人気なのが「開運日」。

開運日は、何か新しいことを始めるのに最強の日といわれています。要は、運を動かすのに最適な日なのです。

中でも、金運に縁起のよい開運日のエネルギーを使って、お財布を新調したり、銀行口座を開いたり、買い物をしたりなど、お金にまつわることをするのがオススメです！

ここでは、金運に関連する開運日をご紹介しますね。

●天赦日《てんしゃにち》……百神が天に昇り、天が万物の罪を赦す日とされ、「最上の大吉日」。金運に関わること、開業、お財布の購入、お財布の使い始め、宝くじを購入する、旅行、買い物、契約、引っ越し、納車、神社へ参拝するのに吉の日。この日に始めたことは、成功すると言われている暦上最強日。

●一粒万倍日《いちりゅうまんばいび》……新しいことを始めるのに最強の日。特に、仕事始め、開店、お金を出すことに吉。

●寅《とら》の日……お金を使っても戻ってくるという意味が込められた日。お財布を買う、または新調するのにオススメ。

●巳《み》の日……弁財天様に縁のある日。お金にまつわるお願い事を弁財天様が叶えてくれるといわれる。お財布を新調する、銀行口座を開設する、宝くじを購入する、神社へ参拝するのに吉な日。

●新月……新しいこと、お願い事や、やっていきたいことを書き出すのに最適な日。

●満月……願いが叶う日、復活のエネルギーが高まる日。満月から下弦にかけて、浄化が強まるため、お財布を月光浴させたり、自分自身も月光浴することで、邪気がはらわれて波動が高まる。

金運アップの日には、お財布を磨いたり、お財布の中をすっきり整理したりして、お金に意識を向けるようにしましょう。それにより、

「お金がある」

という意識になることができるので、潜在意識の書き換えにもつながります。

また、新しいお財布を使い始める日も、開運日がオススメですが、おろすまでの間、お財布にまとまった額を入れておいて、お財布と自分自身の意識に記憶させるようにしましょう。

そうすると、その金額が実際に自分にはふさわしいという意識になり、実際に手に入るようになります。すべて1万円札でなくても、表に見えるお札は1万円札にして、

ほかは千円札にしても、効果はありますよ。

そのほかにも、金運開運日に、部屋を掃除するのもオススメ。その名も、「金運アップ掃除」です。

忙しい日だったとしても、たとえば蛇口をキレイに磨いたりするだけでも効果的です。それに、「金運アップしちゃうぞ！」と思いながらキレイにしていると、楽しんで掃除できますよね。

「掃除しても金運なんて上がらない」と思っていたら、本当に上がらないし、楽しくないですよね。

「金運アップする」と信じていたら本当にアップしますから、信じる気持ちも大切です。

毎日掃除するのは大変でも、「金運アップ掃除」なら、楽しい習慣にできそうですよね。

お財布を月光浴する

お金がみるみる溢れ出す超浄化法

満月のエネルギーを使う方法としてもお伝えしましたが、お財布を月光浴させると、お財布とお金が浄化されて邪気がはらわれるとともに、パワーが復活して金運アップにつながります。

このとき、お財布のエネルギーに敏感になって、室内と外（たとえばベランダやバルコニーなど）だとどう違うのか、どの場所に置くと、よりお財布が復活できるのかなど、いろいろとご自分で試してみてくださいね。

たとえ雨の日だったとしても、月のエネルギーは変わらずに流れていますし、室内にいてもエネルギーを浴びています。

ただ、外で月光浴させる場合は、濡れないように、または盗られないように、十分にご注意くださいね。

リッチな波動を選ぶ

金運龍は、波動に反応しますが、中でも「リッチな波動」をキャッチすると喜んで動いてくれます。


リッチな波動をまとうには、毎日持ったり、身につけたりする、お財布やバッグ、時計、靴などを、「豊かだな」と自分で思えるものにしましょう。

または、長く使えるような上質なものにすると、上質なものを引き寄せますから、波動も上がり、リッチな波動をまとうことができますよ。

毎日持つものこそ、「パワーグッズ」かどうかを意識してみましょう。

パワーグッズとは、持つことで自分のパワーがみなぎるもののこと。人のオススメのものではなく、自分がいいと思う、お気に入りのグッズのことです。

パワーグッズを持つと、あなたの波動がリッチな波動に変わります。

でも、自分の好きなものがわからないという方もいるかもしれませんね。

ぜひ次のワークをして、自分のパワーグッズを見つけてみましょう。そして、毎日持つことで、リッチな波動を放ってくださいね。

自分のパワーグッズを見つけるワーク

質問に対して、自分の思う答えを書いてみましょう。

Q あなたのパワーが出る「もの」「こと」はなんですか？

Q どんなものを「素敵」「好き」だと思いますか？

Q　今のお財布は、あなたのパワーグッズですか？　理由も書いてみましょう

Q　今、使っているお財布のどこにときめきましたか？

家に金運龍を招く方法

喜びの波動が、金運龍を引き寄せる

金運を高めるためにも、あなたの自宅に金運龍を招きたいですよね。

そのためにまずできることは、**「家族を喜ばせる」**ことです。

喜びのエネルギーは、金運アップだけでなく、金運龍が訪れやすくなります。そのためには、家族、自分のまわりの人を喜ばせることをしてみてください。

といっても、そんなに難しいことや奇抜なサプライズプレゼントなどは必要ありません。

・いつもありがとうと感謝を伝える
・今日あった「いいこと」を聞いてみる
・怒らないで笑顔で過ごす
・相手のダメな部分を許してあげる

それだけで、相手の波動はもちろん、自分自身の波動もいい状態になります。すると、自然と金運龍が訪れやすくなります。

家族を幸せにして、金運龍を呼ぶ方法

家族の中でも、特に大切なのは「奥さん」「お母さん」という存在。

奥さんが幸せに楽しく過ごしていたら、それだけで旦那さんは幸せなのです。

幸せにできている自分に自信を持ち、「もっと仕事を頑張ろう！　家族のために頑張ろう！」と思えるのです。

お母さんが幸せに楽しく過ごしていたら、子どもは安心して自分の楽しさを見つけ、

幸せになっていいんだと思えるのです。

それには、自分が心から居心地よく幸せだと感じることが、とても大切。

あなたが幸せなだけで、家族はもっと幸せになり、金運龍が応援に駆けつけて、金運は高まります。


わたしの家族の波動が高まった方法をお教えしますね。

わたしは1日の終わりに、家族で「今日のいいこと」を話すということをしたのです。

これはわたしのブログの読者さんから「今日のいいことを家族で発表しています」というご報告を受けて始めてみたことです。

我が家でもすぐに取り入れたら、家族で盛り上がり、家族ひとりひとりの波動や、家の中の波動がどんどん上がっていきました。

これをやることで、小さなことでも「いいこと」を探していくようになり、みんなで報告をしながら家族で幸せな気持ちを共有して、いい1日を終えることができるようになったからです。

ひとり暮らしで話す機会がないという方は、ノートを用意し、寝る前に「今日のいいこと」を書き出しましょう。

幸せな気持ちで眠ることができて、寝ているときも「いいことを引き寄せる」ように潜在意識に働きかけてくれます。

これは、金運龍が大好きな波動ですよ！

家の中に「龍脈」をつくる方法

家の中に「龍の通り道」をつくろう

第1章でお伝えしましたが、龍とはエネルギー体です。その龍のエネルギーが流れる道を、風水では「龍脈」といいます。エネルギーですから、運気の通り道ということですね。

この龍脈を、家の中につくることで、金運龍を気持ちよく招いてみましょう。

家の風通しをよくしたり、掃除をして波動の高い状態にすると、龍脈をつくる準備ができます。

そして、各部屋、中でも一日のうち約3分の1を過ごす寝室は、心地よい状態にしておきましょう。睡眠の質が高まると、心地よい状態が潜在意識に伝わりますので、寝具にお金をかけてでも、自分にとって上質なものを選ぶとよいですよ。

龍は水を司っているため、バス、キッチン、トイレなどの水回りは、ピカピカにしておくようにしましょう。

水回りをキレイにすることは金運アップの秘訣です。

特にトイレは、毎日使う場所ですし、わたしたち自身が浄化をする場所なので、トイレをキレイにすることは、わたしたちのエネルギーを高めることになります。

自分を浄化する場所をキレイにすることで、自分の心も磨かれて、ネガティブな心も浄化される。

そうすると、感謝の心が生まれる。それが、波動を高める仕組みなのです。

わたしは、掃除の中でもトイレ掃除が一番好きです。なぜって、狭いから（笑）。すぐにキレイになりますし、

「やったなー、キレイになったなー！」

と、実感できるからです。そうやって、自分の気持ちを高めると、波動も比例して高まっていきますよ。

よく「物は捨てたほうがいい」と聞きますよね。

確かに、部屋に物が少ないほうが邪気はたまりにくいのですが、逆に物が少なすぎて、自分のときめく物がまったくない、または部屋が好きではない場合は、エネルギーは高まりません。


ですから、「掃除をする人＝幸せ」というわけではないのです。

なぜなら、あまりにもキレイ好きの場合、「掃除すべき」「キレイにすべき」と強制することになり、家族にも掃除を押しつけ、家族も苦しくなってしまうからです。

そうやって汚すこと、散らかること自体を禁止すると、お互いにイヤな感情が湧いてしまいます。

そして、貧乏神は、強迫観念的な心に引き寄せられてやって来ます。


ですから、毎日が快適だな、居心地がいいなと感じているかどうかが鍵。ある程度物があったとしても、大好きだと思える部屋の状態にすることで、波動の高い部屋になり、金運龍もそのエネルギーに同調して、喜んで通ってくれるようになります。
家に金運龍を招いて、ぜひ仲良くなってくださいね。

金運アップの温泉に浸かる

硫黄が持っているすごいパワー

わたしはパワースポット巡りや開運旅行が大好きなのですが、温泉に行くこともオススメ。わたしもとても大好きですし、金運が高まるのです。

お肌をツルツルにしてくれる温泉自体にパワーがありますが、じつは温泉の質によって、どの運気が高まるのかが異なります。

金運を高めるには、「硫黄泉」がオススメ。

色も、金運が上がる金色ですし、マイナスを跳ね返すエネルギーが強いからです。

硫黄のパワーには、ネガティブが好きな貧乏神も貧乏龍も、近寄れないのですね。

ヒマラヤ岩塩のブラックソルトには、もともと硫黄が含まれています。

わたしもこの硫黄のパワーはとてもすごいと感じ、たくさんの人に使ってほしいと思っています。塩自体、浄化作用が強いうえ、硫黄のネガティブはらいのパワーが加わり、強烈な金運アップを期待できます。

なぜなら、運気を上げるには、浄化をして邪気をはらう必要があるから。そういう意味でも、硫黄には邪気をはらうパワーがありオススメです。

硫黄泉の温泉に行って浸かることが一番ですが、硫黄の匂いを嗅いだり、ブラックソルトをお風呂に入れるだけでも効果バツグンです。

楽しみながら習慣化してみましょう。

お風呂をパワースポットにしよう

香り×塩で浄化する

温泉に通うのが難しくても、自宅のお風呂をパワースポット化することで、金運を高めることができます。

お風呂は、浄化が一度にできる場所。さらには、自分をいたわる空間でもありますよね。自分を大切にすることは、ポジティブな心につながりますから、金運龍が同調してくれます。

具体的には、浄化を強めるためにバスソルトを湯船に入れたり、お気に入りのボディシャンプーを使ったりして、自分をいたわってあげましょう。

または、湯船に浸かりながら、好きな香りのキャンドルを焚くのもオススメですよ(火の元にはご注意を)。幸せを感じるような、いい香りに包まれましょう。

お風呂をパワースポットにするのですから、徹底的に浄化することが大切です。

このとき意識したいのが、髪の毛。 髪の毛は邪気がつきやすく、エネルギーのアンテナです。

髪の毛にネガティブがついていると、アンテナが反応して、ネガティブを吸い寄せてしまいます。

ネガティブ度がひどいとき、疲れがたまっているとき、人混みへ行ったり、たくさんの人に会ったりしてグッタリしたときは、髪の毛にお塩を少しだけぱっぱっと振りかけてから、お風呂に入るようにしましょう。

お風呂に関するものこそ、適当に選ばないことが大切。上質なものだったり、好きな香りだったり、自分がときめくような「パワーグッズ」を選ぶようにしましょう。

すると、自宅のお風呂が運気を上げるパワースポットに早変わりします。

最強の日本酒風呂に入ろう

自宅のお風呂をパワースポットにしようとしても、本当にひどいネガティブな状態なとき、またはネガティブなエネルギーが憑いているなと感じるときは、浄化しようとしてもなかなかはらえないことがあります。

そんなとき、**最強に働いてくれるお清めコンビが、「塩＋日本酒」**です。

湯船にバスソルトを思いきっていつもより多く入れて、日本酒もコップ半杯分、あるいはもっと多く入れてもかまいません。

日本酒は、神社で売られている御神酒でもいいですし、いらなくなったお酒でも大丈夫です。

塩と日本酒効果で、強いお清めができて、エネルギー的にスッキリ！

さらには、体の汚れも取れるうえ、日本酒の成分が肌に働いてツルツルのお肌になれます。

「お肌ツルツル」は、波動を上げるキーワード！

キレイになると、女性は一気に波動が上がります。お清めもできて、キレイになれるなんて、一石二鳥ですよね。

波動の高い種銭をつくる

金運龍は、波動の高いお金が大好きですから、お金自体を浄化すると喜んでくれます。お金がわたしたちの手元にやって来るまでの間、いろいろな人が手で触れていますよね。そうすると、人の念がお金に入ってしまうのです。ですから、お金を浄化すると、邪気をはらうことができます。

実際にお金を洗う方法として、銭洗《ぜにあらい》神社へ行って神社にあるザルにお札や硬貨を乗せてジャラジャラ洗ってみましょう。

銭洗神社は弁財天様とつながっていますし、龍神は自然のエネルギーを司り、特に水と深く関わっていますので、ダブルで浄化できますよ。

また、神社へ行かなくても、自宅でもお金を洗うことはできます。

その方法もご紹介しますね。まずは次のものを用意してください。

・**ボウル**（できればプラスチックではないガラス容器などがオススメ）
・**水**（水道水でOK）
・**塩**（お清め塩や使用後の盛り塩でもOK）
・**お札**（1万円札1枚／コイン適量）

方法は簡単。

ボウルにお金が隠れるくらいの量の水をはり、塩を入れます。その中に、お札やコインを一晩、浸けましょう。

一晩浸けたら、お札は飛ばされないように、室内で太陽の日に当てて乾かしてくださいね。満月の日の儀式として行うのもオススメです。

コインも、タオルの上に置いて、日に当てるようにしましょう。

浸けるお札は、何枚でもよいですが、1枚でも十分効果がありますし、乾かすのが大変ですから（笑）、まずは1枚から試してみてください。

浄化したお金は使ってもいいですし、洗ったお金をお財布や金庫に入れておくと、お金が増える元になってくれますよ。

お金が増える種銭のつくり方

「種銭《たねせん》」という言葉をご存じでしょうか。

この「種銭」とは、言ってしまえば、お金を増やしてくれるお金のこと。

これは風水などにもある考え方で、お金を貯めたいと思ったときに、元にするお金のことを指します。

さきほどお伝えした方法で、お金を洗って浄化したら、そ

れを種銭にしましょう。

洗うのは1万円札がオススメです。このお札だけは使わないで浄化したお気に入りの財布に入れておきましょう。

そして、**紙幣に印刷されている数字に注目してみてください。**

1万円札に印刷されているアルファベットと数字（「記番号」という）の末尾が、「9」か「5」のもの、そこに「X」「Y」「Z」の末尾が続くお札が、強いパワーを持つ種銭となります。**中でも、「9Z」は最強**です。

種銭は、まとまった額のお札をおろしたときに探すと、見つかる確率が高いです。楽しみながら、見つけてみてくださいね。


お金は、洗うだけでなく、「炙る」ことでも金運アップになります。

わたしは、「札炙り不動」がある東京・渋谷の宮益御嶽神社を度々訪れて、お線香の煙でお札を炙っています（詳しい参拝方法は、神社でも教えていただけますが、ブログ記事にも書いていますので、よろしければご参照くださいね）。

ここは、商売をされている方や金融関係の方々に人気で、炙ることで富を増やす、お金が倍になるといわれています。

なぜ「炙り」に効果があるのかというと、火と煙が邪気をはらってくれるからです。

神社へ炙りに行く前に、銀行でお金をたっぷりおろしてから炙って、使うのもいいですね。

炙り神社へ行くのはいつでもオススメですが、特に金運開運日である「寅の日」「巳の日」を、「札炙りお詣《まい》り日」にすると、さらに金運を高めることができますよ。

金運アップにとても大事な三位一体「体・心・魂」

とても基本的なことですが、わたしたちは肉体を持っていますので、体が健康でないと動くことができませんし、お金を循環させることができません。

ですから、金運を高めるには、体を意識して健康にしておくことが大切なのです。

あなたは、自分の体にお金をかけていますか？

出費を抑えようとしたとき、まず食費から削っていませんか？

わたしたちの体は食べ物で成り立っているにもかかわらず、食費から削ろうとしてしまう傾向がありますよね。

食べ物にただお金をかければいいというわけではありませんが、

「安いからこれを食べよう」
「なんでもいいから早く済ませよう」

という理由で食べ物を選んでいると、ただお腹を満たすことが目的となり、体が喜ぶ食事が摂れません。

それに、食事の時間に幸せを感じられないかもしれませんよね。

体を健康な状態に保てるように、またはパワーがみなぎるような状態にすることを目的として、食べ物を選ぶようにすると、体も心も喜び、結果的に健康へとつながります。

また、**金運を意識するなら、柑橘系のフルーツを摂る**こともオススメですよ。

そのほか、**金運を高めるためにできる体のケアとして、日光浴**がオススメです。太陽の光にはパワーがありますから、太陽に当たるだけで塞いでいた心がオープンになります。

日光浴をしながら歩くと、健康にもいいだけでなく、心から元気になりますよね。「歩く」ことで、元気になり、やる気に満ちてきますから、金運につながります。

たとえば、お天気のよい日にパワースポット巡りをして、たくさん歩く。近所の神社へお散歩に行く。または、心からワクワクするようなショッピング巡りをする。

どんなかたちでもよいので、歩くための時間をつくるようにすると、健康になって、気を動かすことができます。

体・心・魂のすべてを健康にする

人間の本質「体・心・魂」を三位一体といいますが、この3つのバランスがとても大切になります。

どれかひとつ欠けても不調な状態となり、金運も下がってしまいます。

体、心、魂のすべてが健康な状態だと、

「嬉しいな、楽しいな、幸せだな」

と感じるチャンスが増えますよね。ネガティブとは正反対の状態ですから、当然、金運も高まります。

わたしたちが三位一体のバランスをよく保ち、元気で満ちた状態でいると、金運龍は喜んで一緒に動いてくれます。

ですからぜひ、自分の体、心、魂をつねに大切にしてくださいね。

【著者プロフィール】

碇のりこ（いかり・のりこ）

1969年12月　北海道生まれ、東京育ち、神奈川県在住
スピリチュアルセラピスト・心のブロック専門家・事業家
合同会社リッチマインド代表／株式会社Instyle取締役

17歳の時にアイドルグループでデビュー。

短大卒業後、数々の職種のOLや職業に就いた後、1998年マーケティング業界で起業。

２万人以上をマネージメントした実績を残す。

物心ついた時からスピリチュアルが身近にあったことがきっかけで、潜在意識に気づき始め人生が激変。

2012年にスピリチュアルに活動の軸を移し、10月からブログを開始するとすぐに話題になる。スピリチュアル講座をはじめて６年でブログ読者30000人を超え、アクセス月190万PVの人気ブロガーになる。現在は講座は満席。セミナー、講演回数は5000回以上。

著書に『「心のブロック」解放のすべて』（Clover出版）『いいことだけを引き寄せる結界のはり方』（フォレスト出版）『やったほうがイイ！邪気祓い』（日本文芸社）『わたしと宇宙を繋げてすべてを手に入れる「お金の絶対法則」』（KADOKAWA）がある。

受講生には、「見た目よりもサバサバしていて親近感がある」と言われる姉御肌気質。

趣味は、家族と開運旅行。

ブログ「お金と愛を手に入れる５つのリッチマインド」
http://ameblo.jp/noriko-happy-life/

無料ニュースレター「願いを叶える！運を上げる！ための実践するニュースレター８日間講座」
https://88auto.biz/noriko-life/registp.php?pid=1

金運だけを引き寄せる！貧乏神のはらい方

2019年10月８日　初版発行
2019年10月13日　２刷発行

著　者　碇のりこ
発行者　太田　宏
発行所　フォレスト出版株式会社
〒162-0824 東京都新宿区揚場町2-18　白宝ビル5F
電話　03-5229-5750（営業）
　　　03-5229-5757（編集）
URL　http://www.forestpub.co.jp

印刷・製本　日経印刷株式会社

ISBN978-4-86680-054-7　Printed in Japan

『金運だけを引き寄せる！貧乏神のはらい方』

購入者無料プレゼント

『金運だけを引き寄せる！貧乏神のはらい方』の
著者自身による動画セミナーを無料でプレゼント

動画
ファイル

運の流れをよくする
マインドの変え方

人気スピリチュアルセラピストである著者が、「運の流れをよくするマインドの変え方」を動画で教えてくれます。本書のなかで紹介された方法と合わせて使うと、より金運やそれ以外の運も引き上げられます。ぜひご覧ください。

※動画ファイルはWeb上で公開するものであり、CD・DVDなどをお送りするものではありません。
※上記プレゼントのご提供は予告なく終了となる場合がございます。あらかじめご了承ください。

▼読者プレゼントを入手するにはこちらへアクセスしてください

http://frstp.jp/binbougami